北京语言大学国际汉语教学研究基地重点项目成果丛书

国际汉语教学

语法教学方法与技巧

总 策 划：崔希亮　王路江
总 主 编：迟兰英
分册主编：苏英霞

INTERNATIONAL CHINESE TEACHING
Methods and Techniques for Teaching Chinese Grammar

朱文文　苏英霞　郭晓麟　吴春仙　王蕾　著

© 2015 北京语言大学出版社,社图号 15119

图书在版编目(CIP)数据

语法教学方法与技巧 / 苏英霞主编;朱文文等著
. -- 北京:北京语言大学出版社,2015.6(2024.3 重印)
ISBN 978-7-5619-4219-2

Ⅰ.①语… Ⅱ.①苏… ②朱… Ⅲ.①汉语-语法-对外汉语教学-教学研究 Ⅳ.① H195.3

中国版本图书馆 CIP 数据核字(2015)第 139615 号

语法教学方法与技巧
YUFA JIAOXUE FANGFA YU JIQIAO

排版制作:	北京创艺涵文化发展有限公司
责任印制:	周 燚

出版发行:	北京语言大学出版社
社 址:	北京市海淀区学院路 15 号,100083
网 址:	www.blcup.com
电子信箱:	service@blcup.com
电 话:	编辑部 8610-82303647/3592/3395
	国内发行 8610-82303650/3591/3648
	海外发行 8610-82303365/3080/3668
	北语书店 8610-82303653
	网购咨询 8610-82303908
印 刷:	北京富资园科技发展有限公司
版 次:	2015 年 6 月第 1 版 印 次:2024 年 3 月第 8 次印刷
开 本:	787 毫米 × 1092 毫米 1/16 印 张:14
字 数:	239 千字
定 价:	45.00 元

PRINTED IN CHINA
凡有印装质量问题,本社负责调换。售后QQ号1367565611,电话010-82303590

总 序

北京语言大学国际汉语教学研究基地是国家汉办首批建立的汉语国际教育十大研究基地之一，2009年4月3日正式揭牌成立。这个基地依托于北京语言大学汉语速成学院，整合了全校汉语国际教育资源，并与海内外专家学者合作，共同研究汉语国际教育的新方法和新理念，为孔子学院建设提供教学资源。基地建设的总目标是在总结既有经验的基础上，创新教学方法，解决"汉语难学"的瓶颈问题，为不同人群、不同层次、不同要求、不同目的的学习者提供合用的教材和教学法，为海外孔子学院和孔子课堂提供相应的教学模式。基地建设的具体目标是完成"五个一"项目的建设，即一种教学模式、一套教材、一个教学资源包、一批种子教师、一个模拟国外实景教学实验中心。今年适逢北京语言大学建校50周年，研究基地的同事们完成了4部语言要素教学指导用书、3部语言技能教学指导用书、1部新教学法实验报告集和1部新汉语速成教学教材。现在这些研究成果即将付梓，为此我感到高兴。我相信这对于汉语国际教育的课堂教学来说是一种实在的贡献。

北京语言大学作为一所以对外汉语教学、汉语国际教育和推动"中华文化走出去"为主要任务的国际型大学，与海外11个国家的16所大学合作建设了16个孔子学院，教学规模不断扩大，教学方法不断改进，积累了许多宝贵的经验。这些宝贵的经验离不开北京语言大学50年的历史传承。学校自1962年独立建校以来已经为世界180多个国家和地区培养了13万多名懂汉语、了解中国社会和历史、熟悉中华文化的专门人才，个中甘苦不足为外人道也。2005年，我校汉语速成学院"对外汉语短期、速成、强化教学体系建设"荣获高等教育国家级教学成果二等奖，荣获北京市高等教育优秀教学成果一等奖。在几十年的教学实践中，我们创设的对外汉语短期、速成、强化教学体系可以为"汉语国际教育"搭建教学平台，为海外孔子学院提供标准化、规范化的教学模式，并针对不同地区、不同人群的特点、不同的教学内容和不同的教学需求提供多种教学实施方案。我校承担的国家汉办项目、孔子学院主体教学模式——"长城汉语"多媒体教学系统及整套教材，已在海外100多所孔子学院和国内40多所高校和教育机构推广使用。学校拥有多个与汉语国际教育相关的高水平研究机构，对外汉语研究中心是教育部人文社会科学重点研究基地，北京语言大学出版社及其汉语教材研发中心是中国唯一一家以研发并出版汉语第二语言教学所需的各类教材及理论著作为主的专业出版机构，目前已经出版发行教材和教学工具书3500多种。在这样的背景下，研究汉语国际教育的教学模式、教学法和教材具有得天独厚的优势。

即将与读者见面的4部语言要素教学指导用书内容涵盖了语音教学、词汇教学、语法教学和汉字教学四个方面，3部语言技能教学指导用书涵盖了综合技能教学、读写技能教学和听说技能教学三个方面。这些教学指导用书的背后是新的教学理念和教学法。即将面世的新汉语速成教材《我和你》旨在体现全球化背景下的人际交流与互动。编写组充分调研并直接针对汉语国际教育的特殊需求与特定要求，深入挖掘海外汉语教育的个性化特征以及海外孔子学院的教学特点与教材需求。一部好的教材必须经受时间的检验。教师是否喜欢、学生是否喜欢是评价一部教材是否成功的客观标准。但愿这部教材能够经受时间的考验，在使用中不断完善修订。

汉语国际教学有许多值得研究的课题，而汉语国际教学研究基地的任务是相当明确的。目前，汉语国际教学资源包的建设还没有完成，海外调研的工作任务还很艰巨。希望研究基地的各位同人再接再厉，以优异的成绩迎接汉语国际教育的明天。

崔希亮

2012年12月

前 言

语法教学一直是对外汉语教学研究中的重点和热点。无论是汉语语法自身的本体研究，还是紧密联系对外汉语教学的教学语法研究，抑或是关于语法教学的教学法研究，成果均颇为丰硕。

然而近年来，汉语国际教育事业的发展和不断推进，为以汉语为第二语言的教学，当然也包括语法教学提出了新的课题。随着我国综合国力和国际地位的不断提高，全球范围内的"汉语热"也不断升温。这不仅体现在来华留学生数量的不断攀升，同时也表现在海外汉语学习者数量的飞速提高。这为我们以汉语为第二语言的教学带来的是机遇，也是挑战。一方面，如何调整和进一步完善我们的汉语教学，使之更加适应海外学习者的学习环境、学习风格和学习需求，更加适应汉语国际教育的需要，这是我们必须要思考的问题，这其中当然也包括如何使我们的对外汉语语法教学在面向海外汉语学习者时能有更强的针对性，能获得更优异的教学效果。另一方面，海外学习者不断增多，也使得对对外汉语教师的需求不断增加。在对外汉语教师队伍不断壮大的同时，师资培训成为保证教师专业素质，从而保证最终教学质量的重要手段。这时，一套系统的、有针对性的师资培训教材或教学参考手册便显得尤为重要。因此，在汉语国际教育的新形势下，我们决定编写本套丛书的语法分册。

在编写过程中，我们力求做到宏观性与具体性相结合，理论性与实践性相结合，注重针对性和实践性。我们的编写目的是使每一位新手老师在拿到这本书后，能尽快掌握从事汉语教学所需的基本知识，了解对外汉语语法教学的教学原则、教学方法和教学要点，能够在这本书的指导下取得良好的教学效果。我们也希望这本书能够成为所有汉语教师的语法教学参考书，为大家的教学提供实际的帮助。在这一目的的指导下，我们在编写过程中着重注意了以下几点：

一、易懂性

语法知识总容易给人枯燥和艰深的印象，令人望而生畏。因此在介绍汉语的语法系统及其特点时，我们特别注重深入浅出。在确保科学性的前提下，我们力求以最简洁、浅显的语言来呈现汉语的语法知识和系统。

二、针对性

无论是对语法项目的介绍，还是对语法教学的原则与方法的介绍，我们都注重紧密联系汉语学习与教学实际。在知识层面，对汉语语法教学重点、难点进行有针对性的说明、分析并提出教学建议；在教法层面，针对教学中的常见问题，提出行之有效的解决方案。

三、实用性

我们编写本书的最终目的就是希望它能够为对外汉语教师或有志从事这一职业的人们提供实用的汉语语法知识和语法教学技能。本书的第三章和第四章更是结合具体案例，将对外汉语语法教学实践中的基本环节和教学方法逐一解析。我们期待读者可以从本书中收获丰富的、可以直接助益于课堂教学实践的知识和技能。

当然，我们所面对的课堂教学的真实环境是千差万别的，采用怎样的教学方法才能取得理想的教学效果需要具体情况具体分析。谨希望本书所介绍的语法教学基本的教学原则和教学示范，能够为大家的教学实践提供借鉴与参考。由于水平有限，错漏难免，敬请海内外同人批评指正。

编　者

目 录

第1章　汉语语法知识简介 ·· 1

第1节　现代汉语语法及其特点 ································ 2
一、现代汉语语法 ·· 2
二、现代汉语语法的特点 ·· 2

第2节　现代汉语语法系统 ·· 6
一、语素 ·· 6
二、词 ··· 7
三、短语 ·· 8
四、句子 ·· 12

第3节　基础汉语教学重点语法项目 ························ 22
一、句法成分 ·· 23
二、一般句式 ·· 32
三、特殊句式 ·· 34
四、疑问句 ··· 40
五、动词重叠和"动词+'一下儿'" ····························· 43
六、"了" ··· 44

第2章　汉语语法教学概述 ·· 47

第1节　教学目的 ·· 48

第2节　教学内容 ·· 49
一、教学主旨 ·· 49
二、教学重点 ·· 49
三、语法项目分级 ·· 49

第3节　教学原则 ·· 50
一、精讲多练 ·· 50

　　　　二、注重用法 ……………………………………………………… 51
　　　　三、深入浅出 ……………………………………………………… 52
　　　　四、分散难点 ……………………………………………………… 53

　　第 4 节　不同环境下的语法教学 ………………………………………… 54
　　　　一、教学机构与教学对象 ………………………………………… 54
　　　　二、语法教学的地位 ……………………………………………… 56
　　　　三、语法教学材料 ………………………………………………… 57
　　　　四、非目的语环境下的语法教学建议 …………………………… 58

第 3 章　汉语语法教学的基本环节与教学方法 ……………………………… 63

　　第 1 节　语法教学的基本环节 …………………………………………… 64
　　　　一、语言点导入与说明 …………………………………………… 64
　　　　二、语言点操练 …………………………………………………… 68

　　第 2 节　语法教学的基本方法 …………………………………………… 69
　　　　一、语言点导入与说明的方法 …………………………………… 69
　　　　二、语言点操练的基本方法 ……………………………………… 78

第 4 章　汉语语法教学中应注意的问题与教学案例分析 …………………… 83

　　第 1 节　语法教学中应注意的问题 ……………………………………… 84
　　　　一、导入方式与导入内容的选择 ………………………………… 84
　　　　二、例句的设计原则 ……………………………………………… 85
　　　　三、语言点说明应注意的问题 …………………………………… 88
　　　　四、语言点操练应注意的问题 …………………………………… 89

　　第 2 节　语法教学失误案例点评 ………………………………………… 92

第 5 章　初级阶段常见语法偏误分析 ………………………………………… 103

参考文献 ………………………………………………………………………… 147

附录一 《国际汉语教学通用课程大纲》(修订版)语法项目列表 …………149

附录二 初级阶段语法教学参考教案 ……………………………………181

附录三 练习与测试样题 …………………………………………………208

附录四 语法教学参考书目 ………………………………………………214

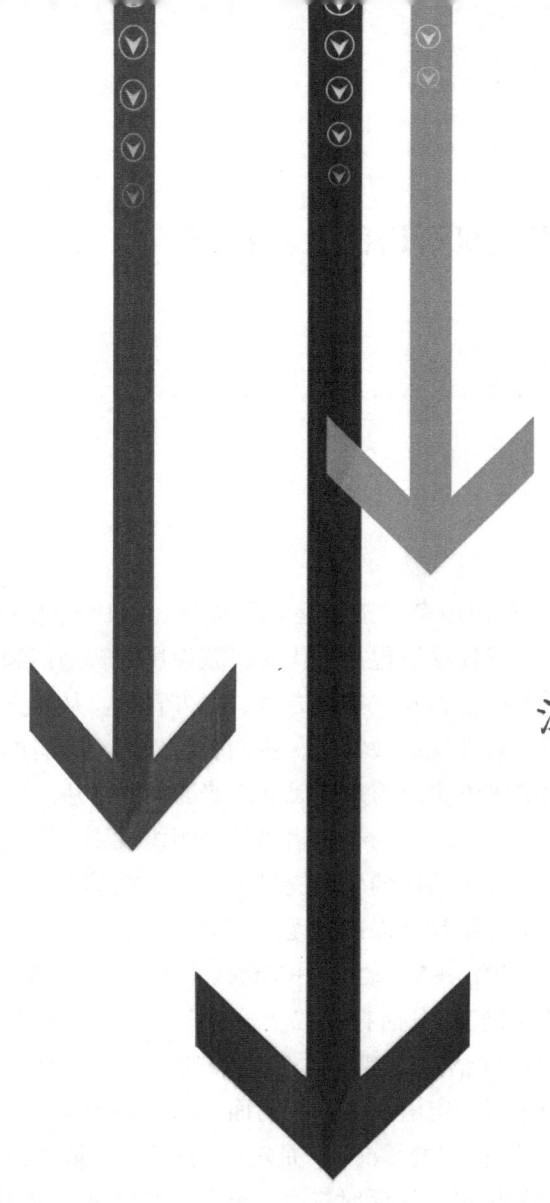

汉语语法知识简介

第1章

第 ① 节　现代汉语语法及其特点

一、现代汉语语法

　　现代汉语从广义上来说，是指从1919年"五四运动"以来，汉民族用来交际的语言，其中包括各地的方言，即现代汉语包括现代汉民族使用的普通话和方言。有些方言的语法规则与普通话不完全相同，如吴方言、粤方言等。从狭义上来说，现代汉语仅指普通话。由于在对外汉语教学中，我们教给外国学习者的语言是普通话，因此本书所说的现代汉语语法指的是现代汉语普通话的语法。

　　现代汉语语法是指现代汉语中词、词组、句子和语篇等的组织规则。语法作为规则限制着人们的语言行为，同时也为话语的生成提供了依据。在掌握了一定数量的词汇后，人们利用有限的语法规则就可以造出无限多的句子。比如依照时量补语"S（主语）+V（动词）+O（宾语）+V（动词）+Time（时间）"这一规则，可以造出"他看书看了两个小时""我们打电话打了二十分钟"等句子。现代汉语语法的规则有很多，如：现代汉语在语序类型上属于SVO型语言，语序一般按照"主语—谓语—宾语"的顺序排列；定语在名词的前面，状语在动词、形容词的前面，补语在谓语的后面；书写时，"的（de）"是定语的标记，"地（de）"是状语的标记，"得（de）"是补语的标记，说话时三个"de"没有区别；等等。

二、现代汉语语法的特点

　　汉语属于汉藏语系，因此与英语等印欧语系的语言相比，现代汉语在语法上主要有如下几个特点：

（一）汉语的形态不发达，没有词形的屈折变化①

　　在英语等印欧语言中，"名词""动词""形容词"等都有各自的形态变化规则，

---

① 有的学者认为后缀"～们"、动词和形容词的重叠形式属于汉语的词形的屈折变化。

如英语中"difficult"是形容词，要想变成名词，必须在词尾加上后缀"-y"变成"difficulty"才可以。而在汉语中，"这件事儿很困难"中的"困难"是形容词，而在"我们一定能够战胜困难"中，"困难"成了一个名词，在形容词和名词之间并无任何形态变化。又如，在英语中存在名词单复数的形态变化，"一朵花"是"one flower"，"两朵花"是"two flowers"，而在汉语中则没有这种变化。所以，欧美学生常常会把汉语中的"们"等同于英语中的复数标记"-s"，从而产生"两个同学们"这样的偏误。但是在汉语中，"们"和数量短语是不能同现的。我们在教学过程中也应该向学生着重说明"们"的使用规则，从而使他们加深认识。

另外，在印欧语中，不同词性的词在句子中分别充当不同的句法成分，分工明确，名词做主语和宾语，动词做谓语核心，形容词做定语或表语，副词做状语。但是在汉语中词性与句法成分之间的对应关系更为复杂，如：动词可以充当句子的主语，名词可以直接充当谓语等。如英语中形容词"beautiful"不能直接做谓语，一定要说"She is beautiful"，因此外国留学生特别是欧美学生常常说"她是漂亮"，而在汉语中我们说"她很漂亮"，形容词"漂亮"可以直接做谓语，这正是由于汉语和印欧语语法特点的不同造成的。此外，汉语的形容词做谓语时前边一般需要用上程度副词"比较""很""非常"等。形容词单独做谓语，只在表示"对比"的时候用，如"这个房间大，那个房间小"。受母语影响，中国人说英语时，也习惯在形容词前加上一个副词，"She is very beautiful"。人们在学习和使用第二语言时，有时候用的词是目的语的，但是表达方式却是母语的，这样的话说出来有时候语法并没有错，但不那么自然或地道，有时候就是个病句。所以，在教授语法时教师应注意展示常见的误用例，如果班上的学生有共同的母语背景，教师还可以通过汉外对比帮助学生加深认识。

（二）虚词是汉语重要的语法手段之一

由于缺乏形态的变化，汉语中最为普遍的语法手段是虚词和语序。虚词作为重要的语法手段主要体现在助词、介词、连词、语气词等词类的功能上。

助词中最重要的是结构助词"的"。结构助词的使用与否，通常决定了不同的语法关系，例如"买书"和"买的书"、"看电视"和"看的电视"，不带"的"的时候，"买书""看电视"是述宾结构，而带"的"以后，"买的书""看的电视"则成为定中关系。另外，同样是定中关系，定语标记"的"什么时候可以不用，什么时候必须用，这是学习者常常感到困惑的地方，如为什么我们既可以说"我的爸爸"，也可以说"我爸爸"，但是只能说"我的书包"，不能说"我书包"。

介词在汉语中的作用通常是表示名词和动词之间的各种角色关系，例如表示时间地点的"在"、表示处置对象的"把"、表示一般对象的"对"、表示协同对象的"和/同"、表示工具的"用"等。英语中也有丰富的介词，但是和汉语不完全对应，如英语中的"to"和"for"有时在汉语中均对应为"给"，如：

例（1）I bought a gift for him.

我给他买了一件礼物。

例（2）I wrote a letter to him.

我给他写了一封信。

此外，介词短语的语序问题也是欧美学习者的学习难点之一，如：

例（3）A. 他住在北京。

B. 他在北京住。

例（4）A. 我给他买了一件礼物。

B. 我买了一件礼物给他。

在例（3）和例（4）这两组句子中，介词短语放在动词前或者动词后句子均成立，而A和B两个句子的语义是否完全相同？如果不同，差异在何处？什么时候用A更自然，什么时候用B更自然？这些都是教学过程中值得我们进一步思考的问题。

对连词而言，有时候使用不使用连词，使用什么样的连词，关系意义完全不同，如"木头房子"和"木头和房子"，前者通过语序手段表达的是偏正关系，后者通过"和"表达的是并列关系。

副词中最能够表现不同语法关系的是所谓的"关联副词"，如"就""才""也"等。例如，"（除非）他不来，我才来"和"（即使）他不来，我也来"这两个句子内部的关系意义并不相同。

不同的语气词也有不同的语法功能和语法意义，如"你是美国人吗？"和"你是美国人吧？"，前者用语气词"吗"，是普通的疑问句，而后者用语气词"吧"，尽管也是疑问句，但是说话人已经有了某种推测，即"你是美国人"，"吧"是对这种推测的进一步确认。总之，汉语的语气词丰富而微妙，是外国学生学习的难点。

（三）语序是汉语中另一重要的语法手段

语序是汉语中另一种非常重要的语法手段。"狗咬人"和"人咬狗"主谓关系完全不同；"团结群众"是动宾关系，"群众团结"是主谓关系；"报告老师"是动宾关系，"老师报告"是主谓关系；"漂亮姑娘"是偏正关系，"姑娘漂亮"是主谓关系。语序不同，不仅语法意义不同，命题意义也不相同。如"报告老师"和"老师报告"中，前者表述的命题意义是"某人向老师报告"，"某人"是"报告"的施事，"老师"是"报告"的对象，而后者表述的命题意义是"老师向某人报告"，"老师"是"报告"的施事，"某人"是"报告"的对象。两种不同的语序陈述的是两个完全不同的事件。

现代汉语语序在一定条件下也会表现出某种灵活性。例如：台上坐着主席团/主席团坐在台上，他很着急地等着/他等得很着急。初看上去，每一组的两个句子似乎表达的是同样的意思，但这种灵活性却并不意味着随意性，说话人选择什么样的语序，取决于语境、说话人的主观性和话语功能等各方面因素。如在第一组句子中，虽然陈述的基本事件相同，但前句的重点在于陈述"台上坐着谁"，即"主席团"是语义重点，而后句的重点在于陈述"主席团坐在哪儿"，即"台上"是语义重点。再如第二组句子中，形容词"着急"分别充当动词"等"的状语和补语，两个句子似乎只是语序上稍有不同而已，但稍加分析我们不难发现，前句中的状语"着急"描写的是"等"的过程，而后句中的补语"着急"叙述的是"等"的结果。因此，汉语语序这种看似灵活的特点也恰恰是对外汉语教学中的难点。在对外汉语教学的过程中，留学生的很多偏误都是语序方面的偏误。

此外，汉语语序的另一基本特点是按照时间顺序线性排列。戴浩一（1988）将"时间顺序原则"（principle of temporal sequence）表述为"两个句法单位的相对次序决定于它们所表示的概念领域里的状态的时间顺序"。换句话说，在人们的概念领域中先发生的事情在语序上处于相对靠前的位置，相应地，在人们的概念领域中后发生的事情在语序上也相对靠后。比如，当两个汉语句子由时间词如"先……，然后……"联结时，前句中事件发生的时间总是在后句之前。再如下面两个句子"我坐飞机去上海/我去上海坐飞机"。在前句中，"坐飞机"位于"去上海"之前，而显然在我们的概念中，也是先"坐飞机"，然后才"去上海"；而在后句中，二者在句中的先后顺序颠倒，其表达的事件在时间顺序上也发生了变化，即先"去上海"，然后再"坐飞机"。

（四）量词十分丰富

与印欧语言相比，汉语在语法上的又一特点是有非常丰富的量词。如"一本书""一匹马""一条路"等。量词是汉语学习者学习的一个难点，他们往往在该用量词的时候不用或者用错量词。而缺乏归纳性较强、较具普遍性的使用规则，也是学习者感到困难的原因之一。

（五）现代汉语的语音节奏组合规则在很多情况下会影响语法结构的样式

在现代汉语中，我们可以说"订房间"，也可以说"预订房间"，但是只能说"订餐"，却不能说"预订餐"。我们可以说"修手表"，也可以说"修理手表"，但只能说"修表"，而不能说"修理表"。这都是由语音节奏的组合规则决定的。在现代汉语中，如果"动词性语素+名词性语素"组合后，整体结构为动词性的，则节奏上通常为"1+2"，如果变换成"2+1"节奏，则多数不合格（如：修手表，*修理表）。反之，如果整体结构的功能为名词性的，则节奏上通常为"2+1"，如果变换成"1+2"节奏，则多数不能成立（如：研究生，*研学生）。韵律节奏逐渐成为现代汉语中一个十分重要的构成机制，它们已经在很大程度上影响了语法格式。韵律节奏对语法格式的制约对于母语使用者来说是习焉不察的，可是对汉语学习者来说却是个难点，因此在教学过程中需要教师给予特别的说明和提示。

第 ② 节　现代汉语语法系统

语法学家们通常认为，现代汉语的语法系统包括四个层级：语素、词、短语、句子。

一、语素

语素是语言中最小的音义结合体，也是最小的语法单位。如"人""花""桌"等都是语素，因为它们都有意义，而且不能分割成更小的有意义的单位。替换法是确定语素的一种较为有效的方法,举例来说,在"男人"这个词中,我们可以将"男"替换为"女""老"等,得到"女人""老人"等词,而在这三个词中,"人"的意义不变,这样我们就可以确定"人"为一个语素。汉语中多数语素是单音节的,少数为双音节,如"葡萄""玻璃"等,如果我们把它们分解为"葡""萄""玻""璃",这四个汉字将不包含任何意义,也不能以同样的意义与别的语素组成新的词。多音节的语素更少,多为音译的外来词,如"巧克力""阿莫西林"。简单地说,如果一个汉字,能够在同样的义项下进入两个以上的词,那么该汉字就是一个语素,反之则不能视为语素。如"桌"可以构成"书桌""饭桌""课桌",因此我们可以称其为语素;而"玻"只能进入"玻璃",不能以同样的意义进入别的词,因此不能称其为一个语素。

在对外汉语教学中,了解语素义对学生理解汉语词义,扩大词汇量,提高阅读过程中推测词义的能力等有很大帮助。语素教学一般在中高级阶段进行,可与生词讲练结合或设计专项练习。

二、词

词是句子中最小的能独立运用的语言单位,是造句的基本单位。词大多是单音节或双音节的,如"大""听""才""应该""大夫"等,也有少数三音节或三音节以上的,如"巧克力""乌鲁木齐"等,多音节词多为音译词。词既可以组合成句,也可以独立成句,如"你去图书馆吗?——去!"。

在对外汉语教学过程中,一般遵循"词—短语—句子—语段"的教学顺序,所以词汇教学在对外汉语教学中有基础性作用。以词的语法功能为主要划分标准,目前我们一般将汉语的词分为实词和虚词两大类。实词下又可以分为:名词、动词、形容词、数词、量词、代词、副词七类。虚词包括介词、连词、助词、象声词和叹词。其中动词、形容词、副词、介词、连词和助词等是教学中的重点,往往也是难点。名词主要涉及和量词的搭配问题,语气词因其语义的虚化和微妙,也是留学生学习时常常感到困惑的地方。此外,在词汇教学中还有两个需要注意的地方:1. 韵律对词汇的选择限制作用。在前面我们已经谈到,某些词汇意义相同的词,由于音节数量的不同,对所搭配的词也有不同的选择。除我们已经谈到的"订—预订""修—修理"以外,"稍—稍微"在句法中的分布也有这种特点。我们可以说"稍等""稍微等一下",但不能说"稍微等"。再如,"相"和"互相"尽管在词汇意义上相同,但我们可以说"相爱",不能说"互相爱"，我们可以说"互相帮助"，但不能说"相帮助"，由此不难看出，单音节的"相"只能和单音节动词搭配，而双音节的"互相"只能修饰双音节动词。这些都体现了韵律对词汇的选择限制作用。2. 离合词现象。离合词是汉语中一类特殊的语言现象。它通常由一个动词性成分（或语素）和其所支配的名词性成分（或语素）组成，如"散步""睡觉""游泳""起床""见面""唱歌""跳舞"等。从词汇意义的角度看，它们很像一个词，即它表达了一个比较固定的完整的概念。但从语法的角度看，其动词性成分和名词性成分中间可以插入其他成分。语法学界有的学者认为这种语言形式是词，有的学者认为是短语，还有的学者把离合词看作介于词和短语之间的过渡成分。由于"离合词"的说法已为大家所熟知，我们仍称之为"离合词"。常用的离合词还有"聊天儿""帮忙""照相""开会""请假""跑步""结婚""离婚""生病""看病""考试""毕业""下雨""下雪"等。这些离合词的内部通常可以插入动态助词"了""着""过"和动量补语（……次）、时间段词语等，如"昨天我们见了面""他每天都游一会儿泳""这个星期公司开了两次会"。相对于"离合词"而言，汉语中大量的词是不能离合使用的，如"工作""抱歉"等等，我们不能在两个语素中间插入其他成分，如不能说"工个作""抱了歉"。

　　作为汉语母语者，我们对离合词的使用是自然掌握的，运用时也非常自如，甚至是无意识的，但是留学生在习得离合词时往往存在一定困难。由于很多离合词如"吃饭""睡觉"等都是和日常生活密切相关的基本词汇，在教学中介绍"离合词"这一语言现象以前，留学生已经将其看作一个词而自然习得了，因此让留学生实现认识上由"词"到"离合词"的转变就变得尤为困难。如他们常常会说出"昨天我睡觉了五个小时"这样的句子，其原因就是将"睡觉"看作一个词了。离合词的教学难点尤其集中在"离"上，同时对于哪些词是离合词，判断时也缺乏一定的规律，学生只能遇到一个记住一个，因此在教学过程中，我们应该着重讲解和练习离合词在"离"时的使用情况。

三、短语

（一）定义

　　短语是词与词按一定语法规则构成的语法单位，又叫词组，是意义上、语法上能够搭配而没有句调的一组词。这种搭配要借助一定的语法手段，表现出一定的语法意义。

短语的组合手段主要是语序和虚词。语序是短语中词语的排列顺序。短语所用的词语相同而语序不同，有时会影响短语的语义和语法关系。如"在本子上写"和"写在本子上"，前者在结构上是状中关系，后者则是述补关系。虚词在短语组合中的作用主要表现为：1.用不用虚词，不影响短语的语法关系和意义，如"我哥哥"——"我的哥哥"；2.用不用虚词，影响短语的语法关系和意义，如"提出问题"——"提出的问题"；3.用不同的虚词，语法关系和意义不同，如"我的姐姐"——"我和姐姐"。在短语分析中，虚词很重要，它是短语结构关系的形式标志。

短语可以从不同角度来分类，但常见的分类主要有两种：结构类型和功能类型。

（二）短语的结构类型

结构类型是以短语的组成成分之间的语法关系为标准来分类的。短语的结构类型主要有主谓短语、述宾短语、偏正短语、述补短语、并列短语等。

1. 主谓短语

主谓短语由主语和谓语两部分构成，形成陈述和被陈述的关系，如"他们休息""风景美丽"。

主谓短语的典型结构是"名+动/形"。但"名+名"结构也可以构成主谓短语，可以看作中间省略了"是"，如"明天星期二"。

2. 述宾短语

述宾短语由述语和宾语两部分构成，形成支配、关涉和被支配、被关涉的关系，如"买东西""提高水平"。但是需要指出的是，述宾短语的述语和宾语在语义上不一定是动作和受事之间的关系，常见的语义关系有如下几类：

动作+受事	吃面包	学汉语	听音乐	洗衣服
动作+地点	回北京	去商店	来学校	飞美国
动作+结果	挖坑	盖房子	写书	做衣服
动作+工具	跳绳	晒太阳	吃大碗	抽烟斗
动作+方式	寄快件	存定期	吃食堂	
动作+时量	喝了三个小时		等一会儿	
动作+施事	出太阳	飘着大雪	来人了	

述宾短语的典型结构是"动+名"。有些时候，宾语也可以由谓词性词语[①]

[①] 根据传统语言学理论，汉语中的名词、数词、量词和一部分指示代词如"这""那""这里""那里"等用于指称的词被称为体词，而动词、形容词和一部分指示代词如"这样""那样"等用于陈述的词被称为谓词。

充当，如"觉得很好"中，宾语"很好"由形容词短语充当，"喜欢唱歌""开始奋斗"中，宾语由动词"唱歌""奋斗"充当。

3．偏正短语

偏正短语由"偏"和"正"两个部分构成，形成修饰限制和被修饰限制的关系。偏正短语分为定中短语和状中短语两种。

（1）定中短语

定中短语由定语和中心语构成，是名词性短语，常常以"的"作为定语标志。如"我的书""借的钱"。数量词做定语时与中心语之间不加"的"，如"一个人""三辆车"。学生有时候会说"两本的书"，老师要注意纠正。

定中短语的中心语一般由名词性词语充当，谓词性词语做中心语一般要借助助词"的"，如"他的快乐"。定语和中心语之间"的"的隐现有一定的规律，我们在后面会详细说明。

（2）状中短语

状中短语由状语和中心语构成，是谓词性的短语，如"很高兴""在图书馆学习"。有些状中结构以"地（de）"作为状语标志，如"慢慢地回忆""迅速地完成"。

状中短语的中心语一般由谓词性词语（动词、形容词）充当，分为"状+动""状+形"两种形式。中心语在一定条件下也可以由名词性词语充当，如"已经二十了""很中国"。

4．述补短语

述补短语由述语和补语构成，形成补充说明关系，有的以"得"作为补语标志，如"好极了""研究得很透彻"。

述补短语以动词、形容词为中心语，有"动+补"和"形+补"两种形式。如：

动+补　　吃饱　　　　跑上来　　　　卖得很快　　　　跳到船上
形+补　　热极了　　　红透了　　　　便宜点儿　　　　漂亮多了

5．并列短语

并列短语由两个或两个以上的部分并列在一起构成，如"工人和农民""研究、讨论并通过"。

并列短语的各部分词性相同，有"名+名""动+动""形+形"三种形式，如：

名+名　　哥哥和弟弟　　　　　美国与中国　　　　我们跟他们
动+动　　一边唱歌一边跳舞　　洗衣服、做饭和打扫房间

形 + 形　　　幸福和美满　　　　　又饿又累

6. 连动短语

连动短语由两个或两个以上的谓词性词语连用构成，中间没有语音停顿，也没有关联词语，如"走过去开门""去商店买东西""拿起笔写了一个字"。

连动短语的特点是：第一，前部为动词，后部为动词或形容词；第二，两部分与同一主语发生主谓关系；第三，前后两个谓词性成分有时间上的先后关系。

"动 + 动"也可以是并列短语，但中间有连词或可以加进连词，而连动短语不能，如"抽烟喝酒""唱歌跳舞""上山下乡"等，都是由动词加动词组合而成的，两个动词之间都可以加入"和""跟"等并列连词，即"抽烟和喝酒""唱歌跟跳舞"等，所以它们都是并列短语。而连动短语的两个动词之间则不能加入连词，"走过去开门"不能说"走过去和开门"，"去商店买东西"不能说"去商店和买东西"。换句话说，并列短语的两个动词在时间上是同时发生的，或者不强调时间上的先后顺序，而连动短语的两个动词在时间上有明确的先后关系，如果第一个动作行为不发生，则第二个动作行为无法发生，即不"走过去"就不能"开门"，不"去商店"就不能"买东西"。

7. 兼语短语

兼语短语由一个动宾短语和一个主谓短语重叠构成，动宾短语的宾语同时是主谓短语的主语，叫兼语，如"（妈妈）叫他过来""（我）请你吃饭""（老师）让玛丽回答问题"，它们分别是由"妈妈叫他 + 他过来""我请你 + 你吃饭""老师让玛丽 + 玛丽回答问题"组成的，其中前一部分都是动宾短语，后一部分都是主谓短语。

兼语短语的特点主要有：第一，第一个动词一般为使令动词，如"使""叫""让""请"；第二，两个动词的所属主语不同，比如"（妈妈）叫他过来"，第一个动词"叫"的主语显然是"妈妈"，而第二个动词"过来"的主语则是"他"，再如"（老师）让玛丽回答问题"，第一个动词"让"的主语是"老师"，第二个动词"回答"的主语则是"玛丽"。

8. 同位短语

同位短语由两个部分构成，形成意义上的复指关系，两个部分所指向的为同一个人或事物，如"首都北京""齐天大圣孙悟空"。

同位短语是名词性的，两个部分都是名词性词语。

9. 方位短语

方位短语由词或短语加上方位词构成，如"长江一带""桌子上""山里"。

10. 介词短语

介词短语由介词和词、短语组合而成，表示时间、处所、方位、对象、比较等意义，如"在教室（看书）""被别人（打）"。

11. 助词短语

助词短语主要包括：

（1）"的"字短语

"的"字短语由词或短语加上"的"构成，表示人或事物，如"卖衣服的""我的"。

（2）"所"字短语

"所"字短语由"所"附着在动词之前构成，如"所说""所想"。

（3）比况短语

比况短语由词或短语加上比况助词构成，如"鲜花一样""潮水一般"。

（三）短语的功能类型

功能类型是以短语的语法功能为标准来分类的，短语的功能类型有名词性短语、动词性短语、形容词性短语和其他短语等。短语的功能类型是把它与词类进行对应而归纳出来的，如相当于名词功能的短语就叫作名词性短语，相当于动词功能的短语就叫作动词性短语。

短语的功能类型分为四种：1. 名词性短语，常做主语、宾语、定语，如定中短语、同位短语、所字短语、的字短语、并列短语（名+名）等；2. 动词性短语，常做谓语，如述宾短语、连动短语、兼语短语、状中短语（状+动）等；3. 形容词性短语，常做谓语、定语或状语，如比况短语、偏正短语（状+形）、述补短语（形+补）等；4. 其他短语，功能比较复杂、不能归入上述短语的短语，如主谓短语、介词短语。

动词性短语和形容词性短语又合称为谓词性短语。

四、句子

（一）定义

句子是由词和短语按照一定的语法规则组成的语言单位，它能表达完整的意思，有一定的语调。

句子是语言运用的最小单位，因此必然也是留学生在运用汉语进行话语交际时的基本单位，所以成功地实现句子教学，成功地使学习者运用句子进行交际，是对外汉语教学的基本目的。可以说，语音、词汇教学的最终目的是服务句子教学。

我们通常从结构和功能这两个角度对句子进行分类。

（二）句子的结构类型

从结构类型上来看，我们可以将句子分为单句和复句。在单句中，我们又可以进一步分出主谓句和非主谓句两种类型。

1. 单句

单句只包含一个主谓短语（或谓语），如：

例（1）他在北京语言大学学习汉语。

例（2）她的性格很开朗。

根据结构，单句可以分为主谓句和非主谓句两种。

（1）主谓句

主谓句由主语和谓语两部分构成，如：

例（3）我很忙。

句子由主语"我"和谓语"很忙"构成。

主谓句的主语或谓语在一定的语境中可以省略，如：

例（4）A：今天星期几？

B：（今天）星期六。

例（5）A：谁没来？

B：玛丽（没来）。

根据谓语的性质，即按照谓语是哪类词，主谓句又可以分为动词谓语句、形容词谓语句、主谓谓语句和名词谓语句。

动词谓语句中，句子谓语为动词（短语），如：

例（6）我有一位中国朋友。

例（7）他去图书馆。

形容词谓语句中，谓语由形容词（短语）充当，如：

例（8）今天很热。

例（9）他很高。

主谓谓语句中，谓语是主谓短语，如：

例（10）他个子很高，眼睛很大，头发不太长。

名词谓语句中，谓语由名词（短语）充当，如：

例（11）他21岁。

例（12）今天晴天。

主谓谓语句和名词谓语句在使用环境和表达功能上有其特殊性，在教学过程中，让学生掌握结构形式只是第一步的工作，我们应该着重向学生介绍这两类句子的使用环境和所表达的功能。

（2）非主谓句

非主谓句，即不是由主语和谓语两部分构成的句子。与主谓句在特定语境中省略主语或谓语的情况不同，非主谓句并非省略了主语或谓语，而是不需补出或无法补出确定的主语或谓语。所以非主谓句是完整的句子，不是省略句。非主谓句又分为无主句和独语句两种。

无主句是没有主语的句子，如：

例（13）下雨了！

例（14）小心汽车！

独语句是由一个词或一个短语构成的句子，也叫独词句，如：

例（15）多美的地方啊！

例（16）糟糕！

例（17）唉！

2. 复句

复句是由两个或两个以上意义紧密联系、结构相互独立的单句即分句组成的。分句与分句间有一定的语音停顿，书面上用逗号或分号表示。分句之间有着一定的逻辑关系，这种逻辑关系常通过连词、副词以及部分起关联作用的短语来表示。根据分句逻辑关系的不同，复句可以分为联合复句和偏正复句，这两类复句又可以分为若干小类。

（1）联合复句

联合复句内各分句间意义上平等，无主从之分。联合复句可以进一步分为并列、承接、解说、选择、递进五种类型。

A. 并列复句由两个或两个以上的分句并列组合而成，叙述相关的几件事情，或者说明相关的几种情况，分句间没有主次之分，常用的关联词语有：既……，也（又）……；一边……，一边……；有时……，有时……；不是……，而是……；……而……；等等。例如：

例（18）到美国以后，他一边工作，一边学习，非常辛苦。

例（19）晚上他有时候看电视，有时候和朋友一起吃饭。

例（20）不是我不想去，而是确实没有时间。

例（21）我喜欢吃中餐而他喜欢吃西餐。

B. 承接复句也称顺承复句、连贯复句。几个分句表示连续发生的事情或动作，彼此顺序不能改变。常用的关联词语有：首先……，然后（后来）……；刚……，就……；……，于是……；……，就……，终于……；等等。例如：

例（22）我们首先学习生词，然后学习语法。

例（23）你刚走，他就来了。

例（24）他看见我拿着很多东西，于是就走过来帮我。

例（25）我等了半天，汽车终于来了。

C. 解说复句也称总分复句，通常由一个分句总提，多个分句分说，分说与总提相应。解说关系不用关联词语表示。例如：

例（26）战争分为两类：一类是正义的，一类是非正义的。

例（27）他有两套房子：一套在郊区，一套在市区。

例（28）乘坐地铁有很多好处：第一可以保护环境，第二可以节省时间，第三可以节约出行的成本。

D. 选择复句中的几个分句分别说出几种情况，要求从中选择一种，表示"或此或彼""非此即彼""与其这样不如那样"等意思。常用关联词语有：或者……，或者……；（是……，）还是……；不是……，就是……；与其……，不如……；宁可（宁愿、宁肯）……，也不……；等等。例如：

例（29）你想吃中国菜还是日本菜？

例（30）他学习很努力，下课以后不是去图书馆就是和辅导老师一起学习。

例（31）与其坐两个小时的公共汽车去，不如多花点儿钱打车去。

例（32）他宁愿自己辛苦一点儿，也不想让孩子受委屈。

E. 递进复句由两个有递进关系的分句组成，后一分句表示的意思比前一分句进了一层。一般由轻到重，由小到大，由浅到深，由易到难，反之亦可。递进关系必须用关联词语，常用的关联词语有：不但（不仅、不光）……，而且（还、就连）……；……，况且……；别说……，（就）连……；……，何况……；……，反而……；等等。例如：

例（33）玛丽不仅聪明，而且非常努力。

例（34）这件衣服太贵了，况且我也不太喜欢。

例（35）别说学生了，连老师也不认识这个字。

例（36）撞倒了别人，他不说对不起反而还责怪别人。

（2）偏正复句

偏正复句内各分句间意义有主有从，也就是有正句有偏句。正句即主句，是整个复句所要表达的意义所在，偏句是从句，意义是从属的。偏正复句可以分为以下几种：

A. 转折复句：前后分句的意思相反或相对，即后面分句不是顺着前面分句的意思说下去，而是转到相反或相对的意思上去，后面分句是说话人所要表达的真正意义。常用的关联词语有：虽然……，但是（可是、却、还）……；……，只是……；……，不过……；等等。例如：

例（37）虽然他在美国住了二十年，但是心里无时无刻不想念着故乡。

例（38）我已经提醒他来开会了，但是他还是忘了。

例（39）天气预报说今天下雨，可是今天没下。

例（40）这个牌子的汽车好是好，不过太贵了。

B. 因果复句：由两个有因果关系的分句组成，偏句说出原因，正句表示结果。因果关系分"说明"和"推论"两类。表示"说明"的关联词语有：因为（由于）……，所以（才、就、因此）……；之所以……，是因为……；等等。表示"推论"的关联词语有：既然……，那么（就）……；……，可见……；等等。例如：

例（41）因为身体不舒服，所以今天他没来上班。

例（42）学生们都放假了，所以校园里很安静。

例（43）既然制定了规章制度，就要严格执行。

例（44）连素不相识的人他都热心地帮助，可见他是个善良的好人。

C. 假设复句：前一个分句假设存在或出现了某种情况，后一个分句说明由这种假设的情况产生的结果。常用关联词语有：如果（要是、假如）……，就（那么、那）……；即使（就算、就是、哪怕）……，也……；再……，也……；等等。例如：

例（45）要是你不想去，那么就让别人去吧。

例（46）你喜欢就买，不喜欢就别买。

例（47）天再冷他也每天坚持游泳。

例（48）真的下岗了他也可以靠修车的技术养活自己。

D. 条件复句：由两个有条件关系的分句组成，前一分句提出条件，后一分句说明在这种条件下产生的结果。条件复句中常用的关联词语有：只要（一旦）……，就（便、总）……；只有（除非）……，才（否则、要不然）……；无论（不管、不论）……，都……。但是以上三组关联词语所表示的条件关系有所不同，"只要（一旦）……，就（便、总）……"中，前一分句是后一分句的充分条件，只要具备前一分句所说条件，就一定会出现后一分句所说的结果。"只有（除非）……，才（否则、要不然）……"中，前一分句是后一分句的必要条件，意思是必须具备前一分句所说的条件，才能出现后一分句所说的结果。而"无论（不管、不论）……，都……"表示的是无条件，意思是不管是否具备前一分句所说条件，都会出现后一分句所说的结果。例如：

例（49）只要写完了这篇论文，下个星期我就去旅行。

例（50）只有写完了这篇论文，下个星期我才去旅行。

例（51）不管有没有写完这篇论文，下个星期我都去旅行。

例（49）表示的是一个充分条件，意思是出现了前句所说的"写完了这篇论文"这一条件，就会出现后句"下个星期我去旅行"这一结果。例（50）表示的是一个必要条件，意思是在"写完了这篇论文"这一条件下，才会出现"下个星期我去旅行"这一结果，而在其他条件下这种结果不会出现。例（51）则表示不管有没有"写完这篇论文"这一条件，都会出现"下个星期我去旅行"这一结果。

E. 目的复句：由两个有目的关系的分句组成，前一分句表示一种行为，后一分句表示这种行为的目的。关联词语都单用，常用的有：……，以（以便、好、为的是）……；……，以免（省得、免得、以防）……；等等。例如：

例（52）他的手机晚上也不关机，以便别人随时和他联系。

例（53）我们这么辛苦，为的是孩子们以后可以过上好日子。

例（54）准备工作应该尽早开始，以免到时来不及。

例（55）我们早点儿出发吧，免得耽误了飞机。

3．句子结构类型与对外汉语教学

在对外汉语教学中，我们对单句和复句的教学切入点有所不同。单句中的"主谓谓语句""名词谓语句""形容词谓语句"等都是作为非常明确的语法点出现的。而对复句的教学则往往是通过对关联词语的教学实现的。

（三）句子的功能类型

上面我们详细介绍了句子的结构类型，但是语言是交际的工具，因此掌握句子的使用功能是教和学的根本目的。所以在对外汉语教学的过程中，我们往往以功能为切入点进行教学。从功能角度入手，根据句子的语气，我们可以把汉语中的句子分为陈述句、疑问句、祈使句和感叹句。

1．陈述句

叙述或说明事实的具有陈述语调的句子叫陈述句，例如：

例（56）他们在上课。

例（57）这孩子很可爱。

陈述句表示陈述语气，句调是一个降调，在书面上陈述句末尾都用句号（。）。

2．疑问句

具有疑问语调的句子叫疑问句。有疑而问的句子叫询问句，无疑而问的句子叫反问句。疑问句根据表示疑问的结构形式上的特点和语义情况，又可以分为以下几类：

（1）是非问句

是非问句也叫一般疑问句，这类问句的结构像陈述句，只是要用疑问语调或兼用疑问语气词"吗"，例如：

例（58）他们在上课吗？↗

例（59）明天你来吗？↗

这种句子可以用"是""对""嗯"或"不""没有"来回答。

（2）特指问句

句中一定有疑问代词，以表示疑问。回答时不能只用"是""不是"或点头、摇头来回答，而要做出具体回答。特指问句的句调可以用升调，也可以用降调。例如：

例（60）刚才谁来了？↘/↗

例（61）你想喝点儿什么？↘/↗

（3）选择问句

问话人提出几种可供选择的情况，要听话人做出回答，其基本询问方式是"X 还是 Y"。选择问句的句调可以用升调，也可以用降调。例如：

例（62）今天是星期三还是星期四？　　↓/↑

例（63）你想喝可乐，喝咖啡，还是喝红茶？　↓/↑

（4）正反问句

问话人只提出肯定与否定两项，要求听话人在肯定与否定之中做出回答。基本询问方式是"V 不 V"或"V 没（有）V"。正反问句的句调可以用升调，也可以用降调。例如：

例（64）你去不去？　　↓/↑

例（65）那衣服贵不贵？　↓/↑

3. 祈使句

祈使句是用来对听话人表示某种请求、商量、命令、劝阻或警告等意思的句子。例如：

例（66）站起来！　　↓

例（67）你明天走吧。　↓

祈使句表示祈使语气，句调有的是一个降调，有的是一个急促的高降调。在书面上祈使句末尾或用句号（。）或用叹号（！）。

4. 感叹句

感叹句用来抒发某种强烈的感情（如喜悦、愤怒、惊讶或悲哀等）。表示喜悦、愤怒、惊讶的感叹句一般用高而平的句调，表示悲哀的感叹句一般用低而趋降的句调。书面上感叹句末尾多用感叹号（！）。例如：

例（68）这风景多美啊！　↓

例（69）蛇！　　↓

（四）句法成分

一个句子一般不止包含一个词。这些词彼此之间的关系不同，我们可以按照组成句子的词或短语的关系、地位以及作用的不同，把句子分成几个部分，这样划分出来的句子的各个部分，就叫句法成分或句子成分。现代汉语的句子成分按地位、作用分成六种：主语、谓语、宾语、定语、状语、补语。

1. 主语和宾语

主语是句子陈述或说明的对象。它经常由名词、代词或名词性短语充当，动词性短语也可以做主语。主语一般表示谓语所说的是"谁"或"什么"。宾语是谓语动词涉及的对象。它经常由名词、代词、名词性短语充当,一般表示谓语"怎么样"或"是什么"。凡处于能愿动词如"想""可以""能够"等词后面的成分,一般都做宾语处理。主语传达的信息通常是已知的,而宾语传达的信息通常是未知的。比如:

例(70) a. 客人来了。

b. 来客人了。

例(71) a. 那本书在桌子上。

* 一本书在桌子上。

b. 桌子上有一本书。

* 桌子上有那本书。

在例(70)中,"客人"分别做主语和宾语,我们不难看出,a 中的"客人"一定是说话人和听话人已经知道的"客人",是已知信息,而 b 中的"客人"则是说话人和听话人不知道的,是未知信息。再如例(71)中,"书"分别做主语和宾语,在做主语时,我们只能用指量短语"那本书"。相反在充当宾语时,我们只能用数量短语"一本书"。二者的最大区别就是指量短语所指称的名词是已知的、确指的,而数量短语指称的名词是未知的、不确指的。

在英语中,动词必须进行形态的变化,变为动名词后才可以用作主语或宾语。而汉语中的动词则可以直接进入主语或宾语位置,如:

例(72) a. 夏天我常常游泳。

I often go swimming in summer.

b. 游泳对身体很好。

Swimming is good for our health.

在对外汉语教学过程中,我们要使学生明确汉语和英语的这种差异。

2. 谓语

谓语部分是对主语部分的陈述。它经常由动词或形容词充当,一般表示主语"怎么样"或"是什么"。

上文已经提到,很多欧美学生在学习形容词谓语句时,常常会受母语影响,在形容词谓语前加上"是",如"她是漂亮"。日本和韩国学生受母语影响,有时会将谓语放在宾语后边,如"我两个中国朋友有"。

在汉语中,名词也可以充当谓语,比如"现在五点""今天星期三""我二十岁"。但是在很多语言中,表达上述意思的句子中需要用"是",如"It is five o'clock""Today is Wednesday""I am twenty years old"。受母语影响,学生在说明时间、日期、年龄时常见的表述方式是"现在是五点""今天是星期三""我是二十岁"。前两个句子在汉语中也可以说,但不用"是"的句子更常用。"我是二十岁"一般不说。

在教学过程中,我们需要重点强调一下汉语的名词谓语句、形容词谓语句与学生母语间的差异。

3. 定语

定语是用在主语和宾语前面,起修饰和限制作用的语言单位,它经常由名词、形容词、动词、代词充当。一般定语与中心语之间有"的"字连接。

在对外汉语教学中,定语的教学重点主要集中在三个方面。第一,定语标记"的"的隐现问题。第二,定语的位置问题。英语中有的定语是后置定语,如:"This is the book that I bought"。而汉语中的定语都是前置的,如"这是我买的书"。第三,多项定语的顺序问题。汉语中的多项定语之间一般按照与中心语关系的密切程度排列顺序,关系越密切的定语越靠近中心语。多层定语从远到近的顺序大致是:领属—时间—处所—数量—特点—性质—性别。例如:

例(73)一位　穿着红裙子的　女孩　走了过来。
　　　　数量　　特点　　　性别

例(74)他姐姐　去年　在北京　买的那件　蓝呢子　大衣很漂亮。
　　　领属　时间　处所　　数量　　特点

4. 状语

状语用在动词或形容词谓语前,起修饰和限制作用。状语经常由副词、形容词、动词、表示处所和时间的名词及方位词充当。状语与中心语之间有时有"地(de)"字连接。

在汉语中,状语一律位于中心语前。有时为了特殊的修辞需要,才把状语放在中心语后,如:

例(75)她微笑地看着我,静静地。

但这种状语后置的情况一般仅限于文学作品中。在一般情况下,不能把状语放在中心语后。而英语中有后置状语,如:

例(76)a. She studied in Beijing last year.
　　　b. 她去年在北京学习汉语。

所以状语的位置问题也是教学过程中的重点。特别是时间状语和地点状语的位置关系，这是欧美学生常常出现偏误的地方。因为英语中常常是地点状语在前，时间状语在后，而汉语则相反，如例（76）。

5．补语

典型的补语是位于动词或形容词后的谓词性成分，对谓语起补充说明作用的语言单位。补语经常由动词、形容词、副词充当。汉语中的补语大致有：

结果补语：我的作业已经做完了。

趋向补语：他从楼上走下来了。

可能补语：你点的菜太多了，我们吃不完。

状态补语：他的房间打扫得很干净。

程度补语：周末公园里的人多极了。

一天没喝水了，我现在渴得要命！

数量补语：我去过北京三次。

介词短语补语：他站在桌子上。

英语中没有"补语"这种语言现象，汉语中的补语在英语中往往仍然体现为状语，因此补语是欧美学生较难掌握和运用的一个语法点。另外，鉴于"状态补语"和"程度补语"在形式上和语法意义的侧重点上有所不同，我们在此将它们分为两类，也有一些教材或语法书将二者统一称为"状态补语"或"程度补语"。

第 ③ 节 基础汉语教学重点语法项目

在对外汉语教学中，学习者对汉语语法规则的习得在很大程度上决定了其汉语水平的高低和交际能力的强弱。因此，语法教学在对外汉语教学中的重要性毋庸置疑。我们认为，在语法教学的过程中，教学的重点和难点有两个：一是汉语中有，而学习者的母语中没有的语法规则；二是汉语和学习者母语中都有，但是二者有所不同的语法规则。以语序为例，在汉语中，地点状语放在动词短语之前，而英语中地点状语多放在动词短语之后，汉语说"我们在图书馆学习"，而英语则说"We study in the library"。因此我们会发现，受母语负迁移的影响，欧美学习者常常会说出"我们学习在图书馆"这样的句子。因此在教学时，我们一方面要能对学生的这种偏误做出预测，同时也要着重强调汉语中地点状语的位置，并反复练习。除了给出正确的语法形式外，在教学过程中我们也要注意语义与语用方面的教学。比如，"把"字句是汉语中有而英语中没有的特殊句式，因此"把"字句也是欧美学生学习汉语时的难点之一。但是由于"把"字句有比较明确的形式，即"主语+'把'+宾语+动词短语"，因此留学生对"把"字句形式的掌握问题不大。可是如果仅仅停留在语法形式的教学上，那么学生就会说出"我把饺子吃在饭馆"这样的句子。因此在"把"字句的教学上，语法形式的教授只是第一步，"把"字句的句式意义才是教授的重点。如果我们给学生讲清楚，"把"字句的基本句式意义是"主语使宾语产生了位移"，那么我们也就能够解释为什么"我把饺子吃在饭馆"不成立，而"我把饺子吃到肚子里"成立了。

总之，现代汉语的语法是对外汉语教学中的重点，而相对于学习者的母语而言，汉语中"人无我有"或"人有我异"的语法规则是教学中的重中之重。在语法教学的过程中，对正确的语法形式的教学只是基础，语义和语用的教学才能使学生真正懂得何时用、怎么用。下面，我们将对基础汉语教学阶段的重点语法项目进行详细说明。

一、句法成分

（一）定语与结构助词"的"

定语主要用来修饰名词。名词、代词、形容词、数量词等都可以做定语。定语要放在中心语前边。表达所属关系是定语的重要功能之一。定语后常常用"的"，即"名词/代词/形容词/数量词（+的）+名词"，可以说"的"是定语的标志。但是在表达所属关系时，并非所有的定语后都要加"的"。什么时候用"的"，什么时候不用，是外国学生经常问到的问题。关于"的"的使用，大致规律如下：

1. 如果中心语是非亲友关系或非所属单位的普通名词，代词、名词做定语表示领属关系时，后面要加结构助词"的"。例如：

他的书　　玛丽的衣服

2. 如果代词所修饰的中心语是亲友或所属单位，可以用"的"，也可以不用"的"。例如：

我爸爸—我的爸爸　　　他们学校—他们的学校

3. 如果名词定语是说明中心语的性质的，一般不用"的"。例如：

美国人　　　　　　汉语书

（二）状语

在句子中，状语是谓语部分中的修饰成分，动词谓语句、形容词谓语句、主谓谓语句以及名词谓语句的谓语部分都可以包含状语。能充任状语的词语是多种多样的，状语所表示的意义也是多种多样的。在初级阶段的汉语教学中，比较重要的状语有以下几种类型。

1. 程度副词做状语

程度副词"很""非常""真""太"可以用在形容词或心理动词前做状语，对形容词或心理动词的程度进行修饰。这四个副词在程度上有依次递增的差别。此外，它们还有如下不同：

第一，"真""太"的主观评价性很高，相比之下，"很"表示程度高时，侧重于客观。

第二，"太"常和"了"组合为"太+Adj+了"，表示程度高，如意的事和不如意的事都可以用。而"太+Adj"多用于不如意的事情，表示程度过头。如：

例（1）天气太好了。（√）（如意的事）

天气太好。（×）

例（2）今天太热了。（√）（不如意的事）

今天太热。（√）

第三，"真"做程度副词，用来加强肯定，带有一定的主观色彩。结构上与"很"的最大区别是"真+Adj"在句中不能做定语。如：

例（3）她有一件很贵的衣服。（√）

她有一件真贵的衣服。（×）

"真+Adj"可以做谓语和补语，常用来表示感叹。"很+Adj"一般表示评价。如：

例（4）A. 她真漂亮！（感叹）

B. ——她怎么样？

——她很漂亮。（评价）
例（5）A. 哟，房间打扫得真干净！（感叹）
　　　　B. ——房间打扫得怎么样？
　　　　　　——很干净。（评价）

除了以上四个程度副词外，"有（一）点儿"也可以对形容词或心理动词进行修饰，表示程度轻微。在教学过程中，对"有（一）点儿"和"一点儿"的辨析是教学的重点和难点。

第一，和形容词、动词共现时，"有（一）点儿"常用在形容词或能愿动词前做状语，表示程度轻微，形式上为"有（一）点儿 + V/Adj"。但用在形容词前时，多表示不如意的意思，"一"常常省略。例如：

例（6）他有点儿不高兴。
例（7）今天有点儿冷。

"一点儿"和形容词连用时，处于形容词的后面，即"Adj + 一点儿"，也表示程度轻微，但是有对比的意思。"一"也可以省略。例如：

例（8）这件衣服太大了，有小一点儿的吗？
例（9）今天你迟到了，明天请早（一）点儿来。
例（10）今天凉快一点儿。（隐含跟"昨天"或"前几天"相比）

第二，"一点儿"还可以修饰名词，形式上表现为"一点儿 + N"。"一"也可以省略。例如：

例（11）我想去商店买（一）点儿东西。
例（12）你想吃点儿什么？

有时"一点儿 + N"会出现在"有"字句中，例如：

例（13）我这儿有（一）点儿钱，你拿去用吧。

在这样的句子中，形式上表现为"有 +（一）点儿 + N"，所以学生有时会误认为"有（一）点儿"后面可以加名词，因此我们要向学生强调的是，"有"字句中的"有 + 一点儿"和做状语的"有（一）点儿"并不一样。

2. 时间状语

可以充任时间状语的有时间词、副词、介词短语。

时间词：今天、上午、2009年、6月20日、三点、以前、以后等。

副词：已经、正在、就、才、马上、刚、快、永远、一直、总是、常常、有时候、先、然后等。

介词短语：从……开始、在……的时候等。

汉语中时间状语，特别是时间词充当状语时的位置是教学中要强调的重点。与英语一般将时间词充当的状语放在动词后不同，汉语中的时间状语一定要放在动词短语的前面，即"主语 + 时间状语 + 动词短语"或"时间状语 + 主语 + 动词短语"。如：

例（14）他明天去北京。

He will go to Beijing tomorrow.

例（15）我每天早上六点起床。

I get up at six every morning.

还有一点需要指出的是，在时间表达上，汉语与英语也有所不同，英语的时间表达基本遵循由小到大的顺序，如例（15）中的"six every morning"，而汉语则恰恰相反，遵循的是由大到小的顺序，所以是"每天早上六点"。这也是需要向学生明确指出的地方。

3. 地点状语

地点状语由表示处所的介词短语"在 + 地点 / 处所"充当，表示动作行为发生的地点。

汉语的地点状语与英语最大的不同仍是语序的不同。在英语中，地点状语一般放在动词的后面，而在汉语中，有地点状语的句子在语序上一般为"主语+在+地点 / 处所 + 动词短语"。如：

例（16）他在中国的上海学习汉语。

He studies Chinese in Shanghai, China.

从例（16）中我们可以清楚地看到汉语与英语中地点状语位置的区别。由于受母语的影响，欧美学生在地点状语的位置上常常会出现偏误，所以需要老师反复地强调和练习。另外，英语的地点表达遵循的也是由小到大的顺序，而汉语则是按照由大到小的顺序来表达，如例（16）中的"Shanghai, China"和"中国的上海"。

最后，当一个句子中同时出现时间状语和地点状语时，汉语的语序应该是"时间状语 + 地点状语"，而英语则相反。如：

例（17）他去年在纽约工作。

He worked in New York last year.

时间状语和地点状语的相对位置关系也是我们在教学中需要强调的。

4. 范围副词做状语

"都"和"也"都是表示范围的副词，二者都可在动词短语前做状语。如：

例（18）我们都是美国人。

例（19）我是学生，他也是学生。

在教学过程中，我们要重点强调的是"都"和"也"在句中的位置。由于在英语中可以说"All of us"或"Both of them"，所以很多欧美学生常常也会把"都"放在名词或代词的前面，产生"都我们是美国人"这样的偏误。另外，在英语中常说"He is also a student"，所以欧美学生也常常会说出"我是也学生"这样的句子。

5. 表示重复、频率的副词做状语

"再""又"都是表示频率或重复的副词，表示重复或继续时，意义有所不同。

在表示动作重复发生或继续进行时，"再"多用于尚未发生的动作，"又"多用于已经发生的动作。另外，"再"是主观意愿的表达，"又"则多表述客观事件。如：

例（20）我明天再给你打电话。（主观，尚未发生）

　　　　他今天又给你打电话了。（客观，已经发生）

由于"再"可以表达尚未发生的动作，所以可以用于祈使句、假设句，而"又"则不可以。

例（21）a. 你写错了，再写一遍！（√）

　　　　b. 你写错了，又写一遍！（×）

例（22）a. 要是你再去书店，请帮我买一本汉英词典。（√）

　　　　b. 要是你又去书店，请帮我买一本汉英词典。（×）

和能愿动词共现时，"再"用在能愿动词之后，"又"只能用在能愿动词之前。

例（23）你愿意再帮他一次吗？

例（24）他又愿意帮我了。

"又"可以用于表示反复出现或发生的情况。"再"没有这种用法。

例（25）听说明天又有大雨。（已经出现过多次下大雨的情况）

例（26）什么，他下个月又来？（"他"已经来过多次了）

（三）补语

补语是位于动词、形容词后，起补充说明作用的成分，比较重要的有结果补语、趋向补语、程度补语、数量补语和补语的可能式等。补语是欧美学生在学习时的重点和难点。

1. 结果补语

结果补语表示动作、变化的结果，由动词或形容词充当，如：

例（27）我吃饱了。

例（28）这本书我们学完了。

结果补语的结构特点如下：

第一，结果补语紧跟在动词、形容词后，动词和补语之间没有别的成分，时态助词"了""过"也只能放在补语后面。

第二，有结果补语的句子常常用来表示动作行为的完成或实现，所以补语后常有"了"，有时根据意义也可以用"过"，但是不能用"着"。

第三，结果补语的否定形式要用"没"，只有在假定某种情况时才能用"不"。如：不吃完不行。

这里需要强调指出的是"完"充当的结果补语。由于在英语中，与"完"对应的"finish"可以直接加动词，所以很多学生常常会出现"我们完第五课了"这样的偏误，需要老师指出在表达这种意思的时候，汉语使用"V+完"的结构。

2. 趋向补语

趋向补语表示动作的趋向，由趋向动词充当。有简单趋向补语"动词+来/去"，也有复合趋向补语，即"动词+上/下/进/出/回/过/起+来/去"的组合①。

趋向补语的难点是趋向补语和处所宾语的位置关系。当动词带有处所宾语时，宾语应该内嵌在复合趋向补语的中间，即在"来/去"的前面，如：

例（29）她慢慢地走下楼来。

3. 状态补语

状态补语通过结构助词"得"跟动词建立联系，是用来表示动作行为的结果状态的补语。状态补语可由形容词或形容词短语充当，有时也可由动词短语充当。如：

例（30）他唱歌唱得很好。

例（31）我忙得忘了吃饭。

状态补语在形式上有以下几种表现：

施事+动词+得+程度副词+形容词

  他 说 得 很 好。

施事+动词+受事+动词+得+程度副词+形容词

  他 说 汉语 说 得 很 好。

---

① 其中，只有"起来"，没有"起去"。

施事 + 受事 + 动词 + 得 + 程度副词 + 形容词

他　汉语　说　得　很　好。

受事 + 动词 + 得 + 程度副词 + 形容词

这张画儿画　得　很　漂亮。

状态补语有两点需要着重强调：首先是动词和补语之间一定要有"得"，很多学生会在这一点上出现偏误；其次就是当动词后面有宾语时，一定要先重复动词，然后再使用状态补语，这也是学生常常会出现问题的地方。

4. 程度补语

程度补语从意义上来说是表示程度的，一般多与形容词或表示心理状态、感情的动词连用。程度补语在形式上可以分为带"得"和不带"得"两种。

在用"得"连接的程度补语中，补语主要由"很""不得了""厉害""要命"等副词充当，表示"程度很高"的意思。如：

例（32）我觉得这个办法好得很。

例（33）一个人在外，他常常想家想得要命。

不用"得"连接的程度补语是指直接用在形容词和某些动词后表示程度的补语。常用的有"～极了"以及"～透了""～死了""～多了"等。例如：

例（34）去年冬天比今年冬天冷多了。

例（35）连续熬了两个晚上，她累极了。

充当程度补语的词语，词义已经或多或少地脱离了其本义，而重在表示"程度极高"。同时，这些补语对前面的形容词或动词的意义有一定的要求。如"极了""多了"做补语可以用于积极意义，也可以用于消极意义；"透了""远了"等做补语只用于消极意义。

例（36）a. 考试终于结束了，学生们高兴极了。

　　　　b. 两年没有人住，房间脏极了。

例（37）a. 这个人真是坏透了！

　　　　b. *这个主意好透了。

5. 数量补语

数量补语表示动作和变化的数量，包括动量补语、时量补语、比较数量补语。关于比较数量补语，我们将在介绍比较句的时候再谈，这里主要介绍一下动量补语和时量补语。

（1）动量补语

动量补语表示动作行为的数量，用动量词做补语，比如：

例（38）这本书我看了三遍。

例（39）我吃过两次烤鸭。

如例（38）、（39），时态助词"了""过"要放在动词后，动量补语之前。

宾语位置是数量补语所涉及的一个难点。一般来说，如果一般事物名词做宾语，大多位于补语之后，如例（39）；如果人称代词做宾语，位于补语前，如例（40）；如果人名、地名做宾语，位置可前可后，如例（41）。

例（40）我找了他两次。

例（41）a. 我去过北京三次。

b. 我去过三次北京。

带动量补语的句子，一般不用否定式；除非是特别针对动作行为的数量进行否定，这时在动词前加"没"。如：

例（42）*我没去过北京很多次。

例（43）我只去过北京一次，没去过很多次。

（2）时量补语

时量补语表示动作、状态时间的长短，由表示时段的词语充当。如：

例（44）昨天的作业我写了两个小时才写完。

例（45）我在北京住了十年了。

带时量补语的句子中宾语位置也比较复杂。一般名词做宾语，多位于补语之后；人称代词或称呼做宾语，常位于补语前；处所宾语常位于补语前。如：

例（46）他看了一晚上电视。

例（47）我等了他两个小时。

例（48）他来美国五年了。

另外，宾语是一般名词或人称代词和称呼时，还可以采用"动词＋宾语＋动词＋时量补语"的语序，这样例（46）、（47）还可以分别说成：

例（46a）他看电视看了一晚上。

例（47a）我等他等了两个小时。

值得注意的是，如果表示多长时间不做、没做或没发生某种情况，应该用"时间＋没／不＋动词"的结构：

例（49）三天不吃饭身体怎么受得了呢？

*不吃饭三天身体怎么受得了呢？

例（50）我跟他三年没见面了。

　　　＊我跟他没见面三年了。

例（51）这个地方半年没下雨了。

　　　＊这个地方没下雨半年了。

6. 补语的可能式

在动词和结果补语或趋向补语之间加上结构助词"得/不"，就构成了补语的可能式，也叫"可能补语"。如：

例（52）一个汉堡包不多，我吃得完。

例（53）六点钟出发太早了，我起不来。

例（54）黑板上的字你看得见吗？

正反疑问形式是将可能式的肯定和否定形式并列起来，如例（54）还可以说成：

例（54a）黑板上的汉字你看得见看不见？

动词带宾语时，宾语要放在补语的后面，如例（55）、（56）；如果宾语比较长，则往往放在句子的开头，如例（54）、（57）。

例（55）我看不懂这本书。

例（56）今天太晚了，去不了颐和园了。

例（57）老师说的话我听得懂。

另外还有一点需要指出的是，在实际语言中，补语可能式的否定形式占绝大多数，它与肯定形式的出现频率之比几乎是 30∶1（吕文华，1994）。补语的肯定形式一般用于疑问句和应答句中。

外国学习者在学习补语的可能式时，最大的问题是分不清可能式与"（不）能＋V"的区别。虽然补语的可能式和"（不）能＋V"都表示可能性，但二者在用法上有所不同。

第一，当表示客观或外界条件是否允许时，只能用"能/不能＋V"。当表示行为人自身能力或条件时，可能补语和"能/不能＋V"都可以。如：

例（58）a. 教室里不能抽烟。

　　　b. ＊教室里抽不了烟。

例（59）a. 他身体不好，抽不了烟。

　　　b. 他身体不好，不能抽烟。

例（58）中因为想表示客观或外界条件是否允许，所以只能用"不能＋V"，而"抽不了烟"表示要抽烟的人自身能力或条件不够，所以不能抽烟。因此，例（58）中的 b 句不成立。

而例（59）中"身体不好"表示行为人自身能力或条件不够、不允许，所以"抽不了烟"和"不能抽烟"都可以。

第二，在"把"字句和"被"字句中，不能使用补语的可能式。只能在"把""被"前加"能"或者"不能"。这是因为在"把"字句和"被"字句中，动词表示的是：某个确定的东西（受事者）因为某个行为动作（动词）而发生某种变化、受到某种影响、产生某种结果（以上是由动词后的其他成分所表示的）。这与补语可能式表达的语义有矛盾，所以不能一起用。如：

例（60）a. 他能把这些东西带走。

b. *他把这些东西带得走。

二、一般句式

（一）动词谓语句

1. 一般动词谓语句

一般的动词谓语句在形式上表现为"主语+动词（+宾语）"，其否定形式是在动词前加"不"。如：

例（61）他在家。

他不在家。

例（62）我去北京学习汉语。

我不去北京学习汉语。

2. "是"字句

"是"字句是用"是"做谓语的句子。形式上为"主语+（不）是+宾语"。动词"是"后面的宾语是说明主语的。否定形式是在"是"前加否定副词"不"。例如：

例（63）a. 我是美国人。

b. 他不是美国人。

例（64）a. 这是他的书。

b. 那不是他的书。

3. "有"字句

动词"有"充当谓语主要成分的句子常表示"领有"，形式为"主语+（没）有+宾语"。它的否定形式为"没有"，而不是"不有"。正反疑问句形式为"……有没有……"。例如：

例（65）他有很多中国朋友。

例（66）玛丽没有同屋。

例（67）你有没有兄弟姐妹？

另外需要注意的是，"有"字句的肯定形式中，宾语可以受数量短语的修饰，如"我有两个弟弟"，但在否定形式和疑问形式中，宾语不能受数量短语修饰。

例（68）a. 我没有弟弟。

　　　　b. *我没有两个弟弟。

例（69）a. 你有没有弟弟？

　　　　b. *你有没有两个弟弟？

（二）形容词谓语句

谓语主要成分是形容词的句子就是形容词谓语句。形容词谓语句形式上为"主语＋副词＋形容词"。汉语的形容词谓语句，谓语不用动词"是"。例如：

例（70）今天很热。

例（71）我的电脑很新。

在肯定形式的陈述句中，简单的谓语形容词前常用副词"很"。这里"很"表示程度的意义已经弱化。如果单独用形容词做谓语，则有比较的意味，一般用在表示比较的句子里。例如：

例（72）他的衣服贵，我的衣服便宜。

形容词谓语句的否定形式是在形容词前加上副词"不"。例如：

例（73）汉语不难。

另外，否定形式的"不"不能和"很"连用，即不能说"汉语不很难"，而要说"汉语不太难"。但是在教学过程中，欧美学习者常常会出现"不很＋adj"这样的偏误。

（三）名词谓语句

由名词、名词结构、数量短语等做谓语主要成分的句子就叫名词谓语句。名词谓语句常用来表示年龄、籍贯、时间、数量等。肯定句一般不用动词"是"，但否定句必须在名词谓语前加"不是"。例如：

例（74）今年我20岁。　→　今年我不是20岁。　（主语＋年龄）

例（75）他北京人。　　→　他不是北京人。　　（主语＋籍贯）

例（76）现在七点半。　→　现在不是七点半。　（主语+时间）

例（77）这件衣服200块。→　这件衣服不是200块。（主语+钱数）

三、特殊句式

（一）连动句

汉语中有的句子谓语由两个或两个以上动词构成，动词共用一个主语，在动词短语中间没有停顿，也没有关联词语，这样的句子叫连动句。如：

例（78）他拿起书包走了出去。

例（79）我去商店买东西。

例（80）中国人用筷子吃饭，美国人用刀叉吃饭。

连动句中的两个或多个动词短语间的意义关系，常见的有以下几种：

1. 两个动作行为先后或连续发生，后一个动作行为发生时，前一个动作行为已经结束。如：

例（81）她站起来唱了首歌。

例（82）咱们吃完饭去买东西吧。

例（83）老师转过身在黑板上写了几个字。

2. 后一个动词（短语）表示的动作行为是前一个动词（短语）表示的动作的目的。如：

例（84）她去机场接一个朋友。

例（85）有空我一定回来看您。

例（86）我想去书店买一本词典。

3. 前一个动词（短语）表示后一个动词（短语）所表示的动作行为的方式、手段或工具。如：

例（87）古代中国人用毛笔写汉字。

例（88）我明天打的去机场。

例（89）有的人用左手写字。

另外，如果连动句所叙述的是过去发生的事情，需要使用"了"时，"了"应该放在第二个动作行为后，如：

例（90）昨天他去超市买了很多东西。

　　　*昨天他去了超市买很多东西。

例（91）她骑自行车走了。
*她骑了自行车走。

至于"了"在第二个动词短语中的具体位置，我们将在后面介绍"了"的时候再具体说明。

（二）存在句

动词"在""有""是"都可以表示存在，这种表示"某处有某物"或"某物在某处"的句子，我们称之为存在句。

1. "在"字句

"在"字句的格式为：某人（物）+"在"+某处。例如：

例（92）你的书在桌子上。
例（93）老师在办公室。

用"在"的存在句中，作为主语的某人或某物应该是确指的，所以不能说"一本书在桌子上"，也不能说"一位老师在办公室"，除非这里的"一本书""一位老师"是某个确定范围内的。如"他带来两本书，一本在桌子上""今天只有两位老师来学校了，一位在办公室，另一位在教室"。

2. "有"字句

"有"字句的格式为：某处+"有"+某人（物）。例如：

例（94）桌子上有一本书。
例（95）办公室里有一位老师。

3. "是"字句

"是"字句的格式为：某处+"是"+某人（物）。例如：

例（96）玛丽的左边是彼得。
例（97）桌子上是我的书。

用"有"表示存在的句子跟用"是"表示存在的句子有以下两点不同：

第一，用"有"的句子只说明某处存在某人或某物，用"是"的句子是已知某处存在某人或某物，而要进一步说明是谁或是什么。

第二，用"有"的句子宾语是不确指的，用"是"的句子宾语可以是确指的，也可以是不确指的。因此，不能说"天安门广场北边有故宫"，应该说"天安门广场北边是故宫"。

(三)"比"字句

"比"字句是表达比较的常用句式,它是用来比较不同事物以及同一事物在不同时间不同情况下的差别的。在对外汉语教材中,"比"字句一般只出现在初级阶段。有的教材甚至把"比"字句的教学内容安排在一两课之内完成。其实,"比"字句的形式多样,语义内涵有不同层次,有的"比"字句形式也比较复杂,如果将所有的"比"字句的教学内容仅仅局限在初级阶段,势必造成难度大、分量重的局面,影响教学效果而且使"比"字句的教学内容受到局限。所以,吕文华(1994)提出:"'比'字句应该按照形式的由简到繁、语义的由浅及深进行不同等级的层次切分,并将'比'字句的教学内容按切分后的语法项目分布在初级、中级、高级阶段以及各阶段的不同课中。"

1. 基本式:A+比+B+差别

比较句的形式是"A+比+B+差别",用于比较两个事物,即A和B的性质、特点等。如:

例(98)他一米九,我一米八,他比我高。

例(99)这件衣服500块,那件衣服200块,这件衣服比那件衣服贵。

如果A和B之间的差别是用形容词来表示的,如以上两个句子中的"高""贵",那么形容词的前面不能加"很""非常""特别"等程度副词,比如不能说"他比我很高""这件衣服比那件衣服非常贵"。但可以加表示"比较"的程度副词"更""还"等,不过加上这样的程度副词后,句子的意思会有细微的变化。如"他比我高"和"他比我更高"这两个句子,前者只是简单的比较,但后者的意思是"我高,他比我更高"。而"A比B更……"与"A比B还……"在使用上也有所不同。首先,当表示"比拟"的时候我们只能用"还"而不能用"更",如:

例(100)a. 他跑得比兔子还快。

　　　　b. *他跑得比兔子更快。

例(101)a. 那条蛇比碗口还粗。

　　　　b. *那条蛇比碗口更粗。

在上述两组句子中,A与B之间不是比较关系而是比拟关系,如例(100)中,不是真的拿"他"和"兔子"的跑步速度进行比较,而只是形容"他"的速度之快。而例(101)中也不是真的拿"那条蛇"和"碗口"进行比较,而只是用"碗口"来形容"这条蛇"的粗细程度。总之,这类比拟句多带有夸张意味,在这种"比"字句中,只能用"还",不能用"更"。

其次，在表示"比较"的时候，"还"与"更"还有一点不同，当差别需要具体化，即表示差别的谓词性成分后有程度补语时，比较句中只能用"还"，不能用"更"。如：

  例（102）a. 他比姚明还高三公分。
     b. *他比姚明更高三公分。
  例（103）a. 冬天这儿的气温比哈尔滨还低几度。
     b. *冬天这儿的气温比哈尔滨更低几度。

另外，当"还"和"更"均可时，用"还"比用"更"在强调程度深方面所表达的说话人的感情色彩更强。

2. A + 比 + B + 差别 + 补语

在表示差别时，我们还可以将差别具体化，方式就是使用补语。这种补语可以是数量补语，也可以是表示比较的程度补语"多了/得多""一点儿"。如：

  例（104）这件衣服比那件衣服贵300块。
  例（105）我25岁，他20岁，我比他大5岁。
  例（106）这个菜比那个菜好吃多了。
  例（107）他比我高一点儿。

这里仍然需要强调的是，程度补语只能是表示"比较"的"多了/得多""一点儿"，而不能是"极了"等没有"比较"意味的程度补语。

3. 否定式："没有"和"不比"

比较句的否定式有两种，"A + 没有 + B + 差别"和"A + 不比 + B + 差别"。但是这两个否定式的意义有所不同，我们来看两个句子：

  例（108）他没有我高。
  例（109）他不比我高。

前者用的是"没有"，意思是"他比我矮"，而后者用"不比"，意思可以是"他和我差不多高"，也可以是"他比我矮"，不过在表达后一种意思时，"他没有我高"更常用。所以在教比较句的否定形式时，我们一定要向学生说明这两种否定形式之间的区别。

（四）"是……的"句式

在汉语中，当我们关注的不是动作行为本身，而是想强调动作行为发生的时间、地点、方式或者施事、对象时，我们可以使用"是……的"格式，其中

"是"位于被强调的部分之前,也可以省略,"的"经常出现在句尾,有时也出现在动词之后,宾语之前。如:

例(110)我是去年开始工作的。(强调时间)

例(111)他是坐飞机来的。(强调方式)

例(112)我们是在美国认识的。(强调地点)

例(113)是小王介绍我们认识的。(强调施事)

例(114)这件礼物是为你准备的。(强调对象)

需要注意的是,在使用"是……的"句式时,句子中谓语动词所表示的动作行为必须是已经发生或完成的,而且是说话人和听话人都已经知道的信息。如果动作行为尚未发生,那么不能用这一句式,如:

例(115)* 我是明年开始工作的。

例(116)* 下个月我是坐飞机去上海的。

"是……的"句的否定形式是在"是"前加"不",构成"不是……的"格式,这时否定的同样也不是动作行为,而是肯定句中被强调的部分。如:

例(117)她不是今年来的,她是去年来的。

例(118)小王不是打车来的,是开车来的。

例(119)不是我给你打的电话,是我爱人给你打的(电话)。

(五)"把"字句

"把"字句在形式上表现为"主语+'把'+宾语+动词+其他成分"。

1. 语法特点

第一,"把"字句的宾语是说话人心目中已经确定的。所以不能说"你把一本书递给我",只能说"你把那本书递给我"。

第二,"把"字句的主要动词一定是及物的,并带有"处置"或"支配"的意义。所以"有""是""喜欢"等没有"处置"或"支配"意义的动词不能进入"把"字句。不说"我把他喜欢"。

第三,"把"字句中的动词不能是光杆动词,而必须带有其他成分,可以是补语,也可以是动态助词"了""着",或者动词重叠等,用以说明动作的影响或结果。所以不能说"你把那本书递",只能说"你把那本书递给我"。

第四,否定副词、能愿动词或时间状语必须放在"把"的前边,如:

例(120)他还没把作业交给老师。

例（121）你能把电话借给我用一下吗?

例（122）我昨天把自行车修好了。

2. 语义

"把"字句典型的语义是表示通过某种动作行为（由动词表示）使人或事物（由宾语表示）发生位移。如：

例（123）我把汽车开到了学校。

例（124）他把那本书递给了我。

所以，在汉语里，如果主要动词后有结果补语"到""在""给"时，必须使用"把"字句，它们表示的意思分别是：

到：说明受处置的事物或人通过动作到达某地。

例（125）请帮我把这张表送到办公室。

例（126）护士把病人推到病房。

在：说明受处置的事物或人通过动作处于某地。

例（127）我把自行车放在楼下了。

给：说明受处置的事物或人通过动作交给某一对象。

例（128）我把那本书送给玛丽了。

"把"字句的另一个比较重要的意义是表示宾语在动词的作用下发生了变化，如：

例（129）请把这篇文章翻译成汉语。

例（130）我把玛丽看成艾米了。

例（131）请把门打开。

（六）"被"字句

"被"字句的主语是受事，通过介词"被""叫""让"引出动作行为的施事。"被"字句的谓语动词总带有其他成分，说明动作行为的结果、程度、时间等，多含有不如意的意思。"被"字多用于书面语，"叫""让"多用于口语。口语里施事宾语的后边也可以加表被动的"给"字。

"被"字句形式上表现为：主语（受事）+ 被/叫/让 + 宾语（施事）+（给）+ 动词 + 其他成分。如：

例（132）昨天他被一辆三轮车（给）撞倒了。

例（133）我被他（给）骗了。

如果施事是不必或不能说出的，可以用泛指的"人"来代替。如：

  例（134）我的钱包被人偷了。

当施事不需要说明时，"被"也可以直接放在动词前。"让""叫"没有这种用法。如：

  例（135）我的钱包被偷了。

否定副词和能愿动词都要放在"被 / 叫 / 让"的前边。如：

  例（136）我的书没被人借走。

四、疑问句

（一）是非疑问句

1. 小句 + 吗？

疑问句的提问方法是在陈述句的句尾加上语气词"吗"。例如：

  例（137）你是美国人吗？

  例（138）汉语难吗？

在学习这种句子时，欧美学生常见的问题是忘记在句末加"吗"。虽然我们说是非疑问句的疑问语气可以仅靠疑问语调来实现，但是欧美学生不用"吗"却是由汉语和英语中是非问句不同的构成方式造成的。英语靠变换语序实现由陈述句到是非问句的转换，在转换过程中不涉及添加疑问语气词的问题，因此受母语影响，欧美学生在学习汉语的是非问句时也常常忘记了"吗"的使用。在教学过程中，我们要注意强调这一点。

2. 小句 + 吧？

语气助词"吧"常表示有所预期但是不太肯定的语气。如果对某事有了一定的估计，但还不敢肯定，期待得到证实时，在疑问句尾常常用"吧"。例如：

  例（139）他的汉语说得那么好，他是中国人吧？

  例（140）明天你来吧？

3. 小句，名词 / 代词 + 呢？

"小句，名词 / 代词 + 呢？"有两种可能：

当没有上文时，"小句，名词 / 代词 + 呢"的意思是"……在哪儿"，如：

  例（141）彼得呢？

    彼得在哪儿？

例（142）他给你的书呢？
　　　　他给你的书在哪儿？
例（143）你的自行车呢？
　　　　你的自行车在哪儿？

如果有上句，那么"小句，名词/代词+呢"表示的是与上句相同的问题，如：

例（144）玛丽是美国人，彼得呢？
　　　　玛丽是美国人，彼得是哪国人？
例（145）我给你的书是汉语书，他给你的书呢？
　　　　我给你的书是汉语书，他给你的书是什么书？
例（146）我的自行车是黑的，你的自行车呢？
　　　　我的自行车是黑的，你的自行车是什么颜色的？

（二）特殊疑问句

用"谁""什么""哪""哪儿""几""多少""多大""什么时候"一类疑问代词提问，即构成特指疑问句。与英语的特殊疑问句不同的是，疑问代词不改变汉语句子的语序。

例（147）他是我的弟弟。　　　→　　他是谁？
例（148）这是饺子。　　　　　→　　这是什么？
例（149）我要这种笔。　　　　→　　你要哪种笔？
例（150）我去商店。　　　　　→　　你去哪儿？
例（151）玛丽有两个弟弟。　　→　　玛丽有几个弟弟？
例（152）他们班有 16 个学生。→　　他们班有多少个学生？
例（153）我妹妹 12 岁。　　　→　　你妹妹多大？
例（154）彼得下个星期去中国。→　　彼得什么时候去中国？

关于特殊疑问句和疑问代词，这里需要着重指出的有如下几点：

第一，包括欧美学习者在内的学生常常会在"哪"和"哪儿"之间出现混淆，如："你喜欢哪儿件衣服"。

第二，"几"和"多少"都是用来提问数目的，但是二者有所不同。如果估计数目在"10"以下，一般用"几"提问，"几"和它修饰的名词之间要加上量词；如果估计数目在"10"以上，则常常用"多少"提问，"多少"和所修饰的名词之间可以加量词，也可以不加量词。如：

例（155）几位老师教你们汉语？

例（156）你们学校有多少（个）学生？

第三，在对年龄进行提问时，如果是询问十岁以下孩子的年龄，一般用"你几岁"，如果是对成年人的年龄进行提问，可以说"你多大"，但是如果是询问年长者的年龄，则应该说"您多大年纪"。如：

例（157）小朋友，你几岁啦？

例（158）你今年多大？

例（159）你爷爷今年多大年纪？

（三）正反疑问句

正反疑问句是另一种提问题的方法。将谓语主要成分（动词或形容词）的肯定形式和否定形式并列起来，就可以构成正反疑问句。正反疑问句跟用"吗"提问的一般疑问句作用一样。例如：

例（160）你的房间大不大？

例（161）你去不去学校？

例（162）昨天你买没买词典？

在正反疑问句中，需要注意两点：首先，如果谓语主要成分是形容词，肯否定形式并列时只能是简单形容词，而不能是有副词修饰的形容词短语，如我们只能说"他高不高？"，而不能说"他很高不很高？"；其次，如果谓语主要成分是动词，并且所陈述的动作行为已经发生，那么需要向学生强调否定形式应该用"没V"而不是"不V"，如例（162）。

（四）选择疑问句

用连词"还是"连接两种可能答案的疑问句，叫选择疑问句。我们还可以在第一个选项前加上"是"，形成"是……还是……"这样的格式。例如：

例（163）你（是）买苹果还是西瓜？

例（164）（是）你去还是他去？

例（165）你（是）回宿舍还是去图书馆？

例（166）你（是）八点上课还是九点上课？

而"是"字句的选择疑问形式自然是"是……还是……"。

例（167）他是你的哥哥还是你的弟弟？

例（168）这是你的书还是他的书？

值得注意的是，学生在使用特指问句、选择问句、正反问句时，常常会出现"吗"的过度泛化，即在所有疑问句的句尾都使用"吗"，教师在教授上述疑问句时需要明确告诉学生句尾不需要用"吗"。

除了"吗"以外，"吧"或"呢"也可以用在疑问句句尾来增强疑问语气。句末疑问语气词在使用上有分工：在是非问句末尾，用"吗"或"吧"，不用"呢"；在特指问句、选择问句、正反问句末尾则用"呢"，不用"吗"或"吧"。例如：

例（169）他们在上课吗/吧？

例（170）这是谁告诉他的呢？

例（171）他究竟去了福州，还是去了广州呢？

例（172）他去没去学校呢？

例（169）句末用"吗/吧"，属于是非问句；例（170）—（172）句末用"呢"，分别为特指问句、选择问句和正反问句。而在是非问句中，"吗"和"吧"的语气又有所不同，用"吗"的时候，说话人对答案没有任何的倾向，而用"吧"的时候，说话人心中往往对答案已经有所预期或推测，只是希望得到进一步的证实。

注意，下面两个问句看上去很像是非问句（因为句中没有疑问成分），其实不属于是非问句：

例（173a）我的笔呢？

例（174a）要是你病了呢？

例（173a）、（174a）实际是特指问句的一种省略形式，可以补出疑问代词。请看：

例（173b）我的笔在哪儿呢？

例（174b）要是你病了怎么办呢？

五、动词重叠和"动词 + '一下儿'"

在现代汉语中，有一部分动词可以重叠，表达轻松、随便的语气。单音节动词的重叠形式是"AA"或"A—A"，如"看看""看一看"。双音节动词的重叠形式是"ABAB"，如"打扫打扫"，不能说"打扫一打扫"。如果动作行为已经完成，则要说"A 了 A""A 了一 A"或"AB 了 AB"，如"看了看""看了一看""打扫了打扫"。动词重叠主要表示四种语法意义：

1. 动作经历的时间短。

    例（175）麻烦您给我介绍介绍这个学校，可以吗？

    例（176）昨天我去公园逛了逛。

2. 尝试。

    例（177）我可以试试这件衣服吗？

    例（178）这个菜很好吃，你尝尝！

3. 对惯常行为进行列举。

    例（179）周末我一般打扫打扫房间、买买东西、见见朋友、看看电视。

4. 表示缓和的语气。

    例（180）这个问题我们得好好研究研究。

    例（181）遇到问题要努力想想解决的办法。

从语音角度看，单音节动词重叠时，后一个动词，即重叠的部分读轻声，如"听听（tīngting）"。如果动词是第三声，尽管重叠后第二个音节是轻声，但第一个音节仍然要遵循上声变调的规律变为第二声，如"等等（déngdeng）"。双音节动词重叠时，第一个音节重读，第三个音节次重，第二、四音节读轻声，如"收拾收拾（shōushi shōushi）"。

除动词重叠外，"V 一下儿"也可以表示"动作经历的时间短"和"尝试"。但在"对惯常行为进行列举"时，多采用动词重叠而较少采用"V 一下儿"。

六、"了"

"了"是汉语中非常重要，同时也最为复杂的一个语法点，因此是学习者在学习汉语时感到最为困难的一个语法点。"了"的使用环境非常复杂，语法意义也很丰富，关于其语法意义的探讨至今仍然是语法学界研究的热点。我们认为，不管是位于动词后面还是处于句尾，"了"的核心语法意义都可以概括为表示"完成"和表示"变化"这两类。

（一）表示"完成"

首先我们要强调的是，"完成"并不等于"过去"。我们在教学过程中常常会发现，很多需要使用"了"的动作行为其实尚未发生，因此我们不能简单地将"了"理解为表示"过去"，或等同于英语里的过去时态。发生在"过去"只是动作行为"完成"的一种可能情况。

1. 动作行为发生在过去，已经完成。

"了"的一种用法是表示动作行为发生在过去，句子的肯定形式是"S + V + 了"，否定形式是"S + 没/没有 + V"。如：

例（182）昨天我去故宫了。

昨天我没去故宫。

当"了"用于肯定句中，表示动作行为发生在过去时，其在句子中有两个位置，即句尾或动词的后边。

（1）当动词后不带宾语时，句尾位置与动词后位置重叠，"了"既可视作处于句尾，也可视作处于动词之后。如：

例（183）她去年下岗了。

我爷爷2003年去世了。

（2）当动词后带宾语时，若宾语受数量词修饰，则"了"要放在动词之后宾语之前，反之则放在宾语之后。如：

例（184）a. 昨天我买了一顶帽子。

b. 昨天我买帽子了。

例（185）a. 上个星期我给他发了三封邮件。

b. 上个星期我给他发邮件了。

这里需要指出的是，虽然"了"可以表示动作行为发生在过去，已经完成，但并不是所有发生在过去的事情都可以用"了"，具体情况如下：

（1）当句子中有"每次""天天""常常""一直"等词语时，即使句子叙述的是过去的情况，也不能使用"了"。如：

例（186）上个学期，他每次考试都考第一名。

例（187）小时候，妈妈常常给我讲故事。

（2）如果几个动作连续发生，虽然每个动作都已经完成，但一般不会在每个动作后都加上"了"，而是只在最后一个动作后加"了"。如：

例（188）她推开门，走进去，和大家打了个招呼。

例（189）他翻过桌上的那叠文稿，端端正正写上了两个字：严肃。

2. 两个动作行为 V_1 和 V_2 都不是发生在过去的事情，但 V_1 作为 V_2 的时间参照，表示 V_1 发生之后 V_2 发生，这时我们可以在 V_1 后用"了"，表示 V_1"完成"后 V_2 发生，形式上可以表示为"$S+V_1+$了（$+O$）$+V_2$"。如：

例（190）明天我下了课就给你打电话。

例（191）他每天做完了作业才看电视。

当然，在时间上有先后顺序的这两件事情也有可能是发生在过去的，如：

例（192）昨天我洗了澡就睡觉了。

例（193）他到了北京就遇到了一位老朋友。

这两个句子中都有两个"了"，其中第一个"了"的作用是明确两件事情时间上的先后关系，即"洗澡"这件事完成后"睡觉"才发生，"到北京"这件事完成后才"遇到一位老朋友"。而第二个"了"的作用是表示"睡觉"和"遇到老朋友"都是过去发生的事。

（二）表示"变化"

表示"变化"是"了"的另一个语法意义，如果在某个时间，事情或状态从 A 变化到 B，我们可以说"$S+B+$了"，"了"一般位于句尾。

1. 名词谓语句 + 了

例（194）他今天 50 岁了。

例（195）现在 12∶00 了。

2. 形容词谓语句 + 了

例（196）来北京以后他瘦了。

例（197）最近北京热了。

3. 动词谓语句 + 了

例（198）孩子哭了。（刚才没哭）

例（199）我们下个星期不去旅行了。（我们以前打算去旅行）

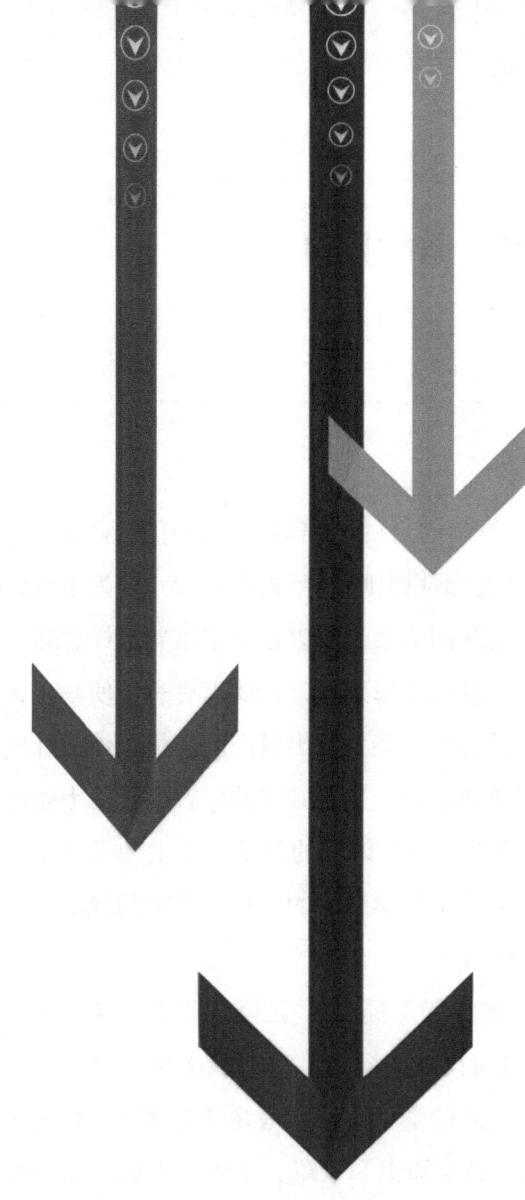

汉语语法教学概述

第2章

第 1 节　教学目的

吕必松（1986）明确指出"语言教学的目的是培养学生运用所学语言进行交际的能力"，此外，该文还提出了"交际性原则"。吕先生认为"因为语言教学的目的是培养学生运用所学语言进行交际的能力，所以在确定培养目标和教学要求、选择教学内容和教学途径以及规定教学法原则时，都要以有利于使学生在最短的时间内最大限度地形成所必需的语言交际能力为出发点。衡量总体设计优劣的唯一标准，就是看它能不能为最有效地培养学生所必需的语言交际能力做出科学的宏观安排"。这就是说，对外汉语教学的总体目的是培养学生的汉语交际能力，而对外汉语教学的总体设计要保证这个教学目的的实现。所有的教学手段和方法都是为达到培养交际能力的目的服务的。

《国际汉语教学通用课程大纲》（修订版）提出，"国际汉语教学课程的总目标是，使学习者在学习汉语语言知识与技能的同时，进一步强化学习目的，培养自主学习与合作学习的能力，形成有效的学习策略，最终具备语言综合运用能力"。语言综合运用能力由语言技能、语言知识、策略、文化能力四方面内容组成。其中语言技能和语言知识是语言综合运用能力的基础；策略是提高效率、促进学习者自主学习和发展自我能力的重要条件；文化能力则是培养学习者具备国际视野和多元文化能力，更得体地运用语言的必备元素。

对外国人的汉语教学属于第二语言教学，汉语语法教学是其中重要的组成部分。语法教学是对词组、句子、语篇、话语等组织规则的教学，目的是培养学习者正确运用这些规则组词造句、连句成篇，在交际中进行正确的表达，从而最终达到用汉语进行交际的目的。

第 ② 节 教学内容

语法教学的基本内容包括语素、词、词组、句子和语篇这五级语法单位。

一、教学主旨

关于语法教学的主旨，赵金铭（1996）指出，初、中、高三个阶段的语法教学主旨应各有侧重，初级阶段主要应解决正误问题，即侧重最基本的语法形式的教学，包括各种语法结构、句型和词序，使学习者具备区分正误的能力。中级阶段侧重语法意义，包括语法成分的语义关系和语义搭配。高级阶段侧重语法形式的语用功能，包括句式的语用选择和应用。

二、教学重点

初级阶段以基本语法教学为主，重视语法结构的教学，要求学生掌握汉语的句型和词序，培养学生连词组句的能力。在教学中从句型入手，加强语义、语用的分析。不但要使学生了解句子中各成分之间的语义关系，还要讲清楚某个句型、句式的使用条件、使用限制等。同时还要注意展示常见的错误例，以提醒学生尽量避免犯同样的错误。

三、语法项目分级

汉语中的语法项目难易程度不同，因此在不同的学习阶段，我们要教授的语法项目在难易度等级上也应该有所不同，应该遵循由易到难的顺序，循序渐进地、有系统地进行教学。《国际汉语教学通用课程大纲》（修订版）将常用的语法项目按照由易到难的顺序分为了六级，各级的目标描述和语法项目见附录一。

第 3 节 教学原则

关于对外汉语语法教学的原则，可以说从开展对外汉语教学伊始就一直是学者们讨论的热点问题，吕必松（1986）、（1990），赵金铭（1996），杨惠元（2004），张和生（2010）都对语法教学的原则进行了阐述。综合各位学者的观点，同时结合由美国教育部门以及多个外语教学协会共同研制的国际外语课程标准《21世纪外语学习标准》（Standards for Foreign Language Learning in the 21st Century）提出的外语教学的5C原则，即Communication（交际）、Cultures（文化）、Connections（贯连）、Comparisons（比较）、Communities（社区），我们认为，在对外汉语语法教学过程中要注重以下原则：

一、精讲多练

杨惠元（2004）谈到，"精讲多练"是课堂教学最重要的总的教学原则。"精讲"包括两个方面的含义：一是内容，指的是所讲的内容必须经过精挑细选，要少而精，该讲则讲，不该讲的则不讲；二是方法，指的是教师要用最少的语言、最简单的方法把该讲的内容讲深、讲透、讲清楚、讲明白。"多练"有三个方面的含义：一是指讲和练的时间比例，讲要少，练要多；二是全面练习，该练习的一定要练到，不能有遗漏；三是指同一内容要充分练习，学生通过大量、反复、有效的练习掌握应该掌握的知识和技能。

"精讲多练"还包含这样的意思：讲在前，练在后；讲为了练，练要在讲懂的基础上进行；不能盲目地练、糊涂地练，应该有目的地练、有效地练。贯彻精讲多练的原则能够增加教师的有效教学行为。

大部分外国学生学习汉语只是为了能够用汉语进行交际，因而他们往往不喜欢老师在课堂上用大量的时间讲语法、学生只是听或做笔记的教学方式，而是希望老师给他们更多的时间和机会练习。实际上，充分的练习不仅能使课堂气氛活跃，也更容易使学生在实际运用过程中掌握所学的语法规则。《21世纪外语学习标准》的 5C 原则将"交流（Communication）"作为最为重要的目标，同时"社区（Communities）"原则也强调语言在学校内外的运用，这都表明在汉语语法教学过程中，要充分贯彻"精讲多练"的原则，注重学生运用所学的语法结构进行交际的能力。

比如在讲"主谓谓语句"时，老师可以先通过例句向学生展示主谓谓语句的格式，并指出主谓谓语句的特点是大主语和小主语之间有领属关系，小主语通常是大主语的一部分，但是大主语和小主语之间没有"的"，如我们介绍一所学校时，可以从好几个方面谈：规模、教师、学生、教室、图书馆、食堂等。这些都属于"学校"的一部分。比如可以说"我们学校规模很大，教师很多"。这里的"学校"是大主语，"规模""教师"是小主语。在介绍了主谓谓语句的核心特征之后，就可以通过展示图片的方式，先后给出"人""东西"和"地方"的图片，让学生使用主谓谓语句对图片进行介绍。在介绍"人"的时候，还可以让学生分别从外表、学习情况等方面介绍班里的一位同学，让其他同学猜猜他是谁；在介绍地方的时候，可以让学生从面积、气候、人口、风景等多方面介绍自己的国家或居住的城市。通过这样的练习让学生大量地开口，既达到了练习这个语法项目的目的，又可以活跃课堂气氛，并且能够学以致用。

在练习的过程中，我们要注意不要让学生重复错误的句子，学生说对后要及时给予反馈并积极地予以肯定，增强学生学习的积极性和自信心。即使学生说错了，也要在纠错的同时给予学生适当的鼓励，以免打击学生的学习积极性。

另外，在练习方式上，我们也要注意科学化、多样化。语速由慢到快，句子从简单到复杂，学生由齐读到单个读。提问时，有的时候可以让左边的学生问，右边的学生答，然后换过来。有时候也可以由教师提出问题，第一个学生回答以后马上问第二个学生，第二个学生又问第三个……老师回答最后一个学生的问题。总之，教师要千方百计地调动学生的积极性，充分利用课堂上的每一分钟，多给学生制造开口的机会，在有限的时间内，精讲多练。

二、注重用法

不管在哪个教学阶段，都要特别注重用法的说明，要让学生了解各个语法形式使用的条件和语境，做到语法教学中结构与语义的教学、语用和功能的教学相结合。同时在教学过程中要努力使课堂教学交际化、真实化，让学生在尽可能真实的交际实践中掌握所学的语法形式。

比如在反问句的教学过程中，我们除了要向学生展示反问句的形式和语义外，还要着重向学生讲明反问句的语用功能。一次在课堂上，老师问一个学生："××今天为什么没来？"该学生回答："我哪儿知道呀？！"从形式上来看，这个句子的结构没有问题，语义上"我哪儿知道呀"意思是"我不知道"，也符合交际中的语义要求，但是我们不难发现，这个反问句的使用并不恰当，而不恰当之处就在于语用层面上违背了交际中的礼貌原则。"哪儿……呀"除了在语义上有"不……"之意外，语用上还表达了一种"不满、不屑"的意思，有时还带有"反驳"的意味，如"他哪儿见过这么多钱啊？"。因为这种语用特征，"哪儿……呀"在使用上有一定的限制。如果我们只向学生说明该反问句的结构和语义，而不说明其语用功能，那么就会使学生在交际过程中出现问题，影响交际的得体性。我们不难看出，这种交际的得体性本质上与5C原则中的"文化（Cultures）"原则也是紧密相关的。

三、深入浅出

张和生（2010）认为，对外汉语教学中所教的语法是教学语法，而非理论语法。老师在教语法时应该尽量减少学生学习时的困难和障碍，应该尽量少用语法术语，更不能大谈语法理论。不能把语法书中的语法规则以及对那些规则的解释原封不动地照搬到课堂上，而是要在对所教语法内容理解深透的基础上，想办法用最简明易懂的语言和其他直观的方式将其表达出来，这样才能易于理解。

例如，"结果补语"是外国学生学习的一个难点，特别是对于欧美学习者来说，汉语中的"V+结果"在英语中往往是用一个词来表示的，如"找到=find""看见=see"等。所以他们往往难以理解"补语"这个概念。在教学时我们不必忙于给学生讲概念，而不妨从浅显、明了的动作演示入手。我们可以通过动作演示"找钥匙"与"找到钥匙"有什么不同。首先老师把自己的钥匙放在桌子下面，并做出"找"的样子，然后问学生："老师的钥匙不见了，现在老师在做什么？"待学生回答出"老师在找钥匙"后，老师可以拿出钥匙，问："老师找到钥匙了吗？"接着，我们可以指出英语的"find"已包含了结果，而汉语的"找"并不等于"找到"，"找"是动作，"到"是结果。再接着，我们还可以在黑板上写一个很小的字，让学生体会"看"和"看见"的区别，用很小的声音说话,让学生体会"听"和"听见"的区别。总之,用直观的、浅显的方式启发学生理解什么是结果补语,并帮助学生正确地生成结果补语句。

"深入浅出"对教师有很高的要求。"深入"首先要求教师的语法知识要扎实,教师自己对这个语法项目胸有成竹,是下一步实现"浅出"的前提。如果教师本人没有掌握基本的语法理论,或者对某个语法现象认识不深,讲授语法知识难免会含混不清,甚至出现知识性错误,这样"浅出"也就无从谈起了。而了解了语法知识后,要想做到"浅出",我们可以运用多种方式,比如要善于运用最通俗易懂的语言做解释。要善于设置情境,运用情景进行教学,生动、形象,学生易于接受。情景包括两方面:一方面是具体可见的,如实物、图片、动作等;另一方面是教师创造的,通过语言或别的形式展示给学生。此外,"对比"也是我们在教学中常用的十分有效的一种教学方法。既可以进行汉外对比,也可以进行新旧知识的对比等。5C 标准中也特别提到了"比较(Comparisons)"原则,指出要通过比较母语和目的语的差异理解目的语语言和文化的特点。

四、分散难点

对比较复杂的语法内容和语法难点,应该分散开来,按照由易到难、由浅入深的顺序以及使用频率的高低,学生习得的顺序,循序渐进地进行教学。

分散难点有两种方式,即"横向分散"和"纵向分散"。所谓横向分散,是指把内容繁多的语法点按义项或要点分解开来,各个击破。比如:汉语中的趋向补语用法十分复杂,有"动词+简单趋向补语""动词+复合趋向补语""动词+复合趋向补语+普通宾语""动词+复合趋向补语+处所宾语"等多种形式,其中普通宾语和处所宾语在句中的位置有所不同。前者如"他从书包里拿出来一本书"或"他从书包里拿出一本书来",二者均可;后者则只能是"天快黑了,我们下山去吧"。教学时,一般来说,我们应把这些难点分散到不同的课文中去解决。这样条分缕析,学生比较容易弄懂并掌握。

所谓纵向分散,是指同一语法点或语法规则按学生的可接受程度分化成不同的阶段,由浅入深,逐步提高学生运用它们的技能。例如,"把"字句是对外汉语教学重要的语法项目之一,也是外国人学习的难点。吕文华先生的经验就是将"把"字句的教学贯穿在初级、中级和高级教学的全过程中。将句法、语义及语用结合起来进行等级切分,各个阶段分别讲练"把"字句的不同的句型,帮助学生掌握这些句型的结构特征，了解它们所表达的语义和语用背景。这样也就有效地分散了难点。

第 ④ 节　不同环境下的语法教学

据统计，2009年全球汉语学习者人数已超过4000万人，在不少国家出现了"汉语热"，开设汉语课的学校和机构不断增加。比如，作为"汉语热"中心之一的美国，汉语学习者的数量也在不断激增。到2011年，一般大学都设有汉语课程，并有4000多所中小学开设了汉语课，中小学生学习汉语的人数已超过16万，总统奥巴马提出的10万美国学生留学中国的倡议也正在组织落实[①]。但是，与规模日益扩大相对的是，有针对性的海外汉语教材、教法并未达到成熟的水平，仍在摸索阶段；由于各方面条件不同，照搬国内已有的汉语教学经验亦不现实。本节试从语法教学角度，对目的语与非目的语环境下的汉语教学做一个简要对比，以供教学者参考。

一、教学机构与教学对象

在中国本土，以大学为依托的对外汉语教学是最主要的汉语传播力量。同时，由于学习需求的多样化，除大学之外，各地中小学也纷纷开设国际部从事对外国来华儿童及青少年的汉语教学工作。各类培训机构、科研院所以及部分在华跨国企业也在进行汉语培训与教学工作。总的说来，在中国国内，对外汉语教学所针对的对象基本都是学习动机较强，对汉语及汉文化抱有较浓厚兴趣，愿意花费一段专门的时间进行集中汉语学习的学习者，且以成人学习者为主体。江新

---

① 数据来自人民日报新闻，http://news.xinhuanet.com/edu/2011-11/01/c_122220299.htm。

（2007）的研究也证明，来华汉语留学生的动机普遍较强，5 点量表的动机平均值均在 3.55 以上；而且欧美学生的融合性动机较强，亚非学生的工具性动机较强，亚非学生的动机要强于欧美学生。因此，针对此类汉语学习者的语法教学以系统性、严谨性为主要特点，包括《汉语水平等级标准和等级大纲》《中高级对外汉语教学等级大纲（词汇·语法）》等在内的语法大纲成为教材语法点安排与教学重点难点设置的主要参考。同时，由于教学对象国别、母语差异性大，语法教学过程中需通盘考虑不同母语背景学生的特点，包括学习动机、策略、母语影响、文化差别等，针对这一混合性学习群体制订相应的教学计划。

在非目的语环境中，以美国为例，其汉语教学机构主要可以分为以下几个组成部分——主流学校（即大、中、小学校），中文学校，政府机构，商业学校和孔子学院（姚道中，2010）。由于美国大学本科阶段采用的是"通才教育"模式，基本所有大学都在东亚语言与文化系、现代与古典语言学系或者语言学系等系下设有中文课供学生选择，这与中国国内的公共外语课程十分相似。一些大学要求学生必须选择一定学分的外语课程，以满足某些专业学习的要求，因此入门班、初级班学生数目较多，但随着难度增加，水平提高，汉语学习者数目会逐步减少。以弗吉尼亚州 George Mason 大学 2009 年秋季学期为例，选修汉语课程的一年级学生为 49 人，二年级学生为 31 人，而四年级学生则为 14 人。这也就是柯彼德所说的汉语学习者的"金字塔"状态。同时，各个等级均会有一部分华裔学生入班学习。当然，在部分华人聚居区，华裔子女在大学的中文项目中单独成班的情况也是存在的，比如斯坦福大学。

近年来由于美国 AP[①] 中文项目的推广，K-12 汉语教学工作也在蓬勃发展。一般来说，初中阶段及高中阶段的汉语教学基本是在《AP 汉语与文化课程概述》（草案）指导下采用相应教材进行的，很多州或者郡也会在此指导下进一步制定相应的大纲作为教学参考；而小学阶段的教学基本是兴趣类型的，各小学自主决定开设何种外语课程。以弗吉尼亚州最大的学区 Fairfax 学区为例，全郡开设的外语课涵盖汉语、阿拉伯语、法语、拉丁语等 10 个语种，一般小学会为学生提供其中的 1～2 门，但是课后家长学校会为学生提供其他外语课程的辅导。小学阶段没有指定教材，没有固定的教学目标，教学形式、教学内容相对灵活多样。

---

① AP：Advanced Placement，是开设在高中的大学先修课程。大多数美国大学和学院都会在考虑学生入学、学分和升级时，将 AP 成绩纳入考量。2006 年起中文被纳入 AP 外语课程之一，2007 年推出 AP 中文考试。（曾妙芬，2007）

除此之外，各地中文学校也是汉语教学的重要力量，据估算，全美共有1700多所华人创办的中文学校，其主要教学对象是美国华裔学习者，尤其是K-12学习者。仅2008年即有超过17万学习者就读于各个中文学校（姚道中，2010）。他们主要利用周末时间进行汉语学习，从事此类汉语教育的也是当地华人。

当然，由于汉语国际教育事业的不断发展，孔子学院也成为汉语传播的重要力量。全美100多所孔子学院和350多个孔子课堂充分发挥自身优势，在普通汉语课程、专业汉语课程、中国文化课程等诸多方面进行了各种尝试。但是，目前孔子学院尚无统一教材，有的利用国内编写的对外汉语教材进行教学，有的根据当地情况进行新教材的编写，各孔子学院在课程设置、课时安排与招生对象上均存在差异。

单就汉语语法教学来说，非目的语环境下的这些教学机构中，汉语学习者母语背景相对单一，教师在进行语法教学时需着重考虑学生母语与目的语之间的语言对比。同时，学习者学习目的各异，多以兴趣为出发点，外部动机并不强，许多学习者继续深入学习的动力不足，对汉语学习浅尝辄止。相当一部分华裔学习者，特别是儿童及青少年学习者亦是如此。

二、语法教学的地位

在赵金铭先生（1996）《对外汉语语法教学的三个阶段及其教学主旨》基础上，陆俭明先生（2000）再次强调："语法教学，从总的方面说，是很重要，因为通过语法教学可以使学生准确地理解、准确地表达，尽量减少表达（包括口头表达和书面表达）中的语法毛病。"但是，不同阶段语法教学的地位并不相同，"在一、二年级初级阶段，语法教学不宜过分强调，更不能直接给学生大讲语法规则"，"在三、四年级阶段，学生对汉语已经有较丰富的感性知识，可适当加大语法教学的分量"。赵金铭先生（2002）又总结和明确了这一观点，他提出，不应大讲语法，更不能为了讲语法而讲语法，而应让学生多接触语言事实。也就是说，语法教学是为语言教学服务的，并非汉语教学的全部。同时，刘珣先生（1994）明确提出，"结构、功能、文化相结合，是实现语言交际能力这一基本目标，贯彻以学生为中心的教学原则的最佳途径"，这也就将结构即语法摆到了一个基础的地位，并不是孤立呈现出来的，结构必须为实现功能服务。

在非目的语环境下的汉语教学也体现了上述思想。美国1999年颁布的《21世纪外语学习目标》中也涉及"汉语学习目标",其中提出了5C,即交际(Communication)、文化(Cultures)、衔接(Connections)、比较(Comparisons)、社区(Communities)五个目标,在交际框架下包含了语言系统方面的内容。有学者提出,语言系统包括背单词、语法规则和动词变化、新的书写方式和发音。这些因素在汉语课堂上仍很重要,但重点已转移到从表达意义的方面了解这些因素(王添淼,2006)。这也体现了语法结构是为交际目的的实现进行服务的教学思想。

总的说来,语法教学在对外汉语教学中的地位已经基本得到了明确,其重要性是人所共知的。但是无论在目的语还是在非目的语环境中,语法教学仅仅是语言教学的组成部分,并非全部,它的存在主要是为了帮助学习者正确地完成交际任务。单纯进行语法规则的讲解,类似"语法翻译法"的教学思想无法应用于对外汉语教学中。

三、语法教学材料

中国本土的对外汉语教学,尤其是在高等院校进行的教学,大多是分技能性的,也就是进行听、说、读、写四个方面的分项训练。一般在这种教学模式下,系统的语法教学是在综合课上完成的,听力、口语、阅读课程在进行技能训练的同时,也会将某些功能项目下的语法点纳入到讲练范围内。如上所述,语法点基本是在相应的语法大纲指导下,结合偏误与对比分析的研究成果,分布在不同水平不同等级的教材中。对语法点的解释基本有两种形式:①对语法规则的表述用文字描述,②也可以利用图表或线性序列公式来表述(程棠,2000)。为配合语法点讲练,课文之后还附有相应的语法练习,如替换、句式变换、扩展等。这类教材以《速成汉语基础教程·综合课本》《汉语教程》等为代表。部分短期汉语培训教材无分项技能教材配合,在语法方面的体例也基本如此,如《汉语会话301句》等。

另外,为配合学生参加HSK等汉语等级考试,国内相应的语法参考书、练习册也占据了对外汉语语法教材的一大部分市场。这种专门性的教材对于综合并巩固学习者的语法知识,提高其汉语水平也起到了一定作用。

在非目的语环境中,以美国为例,大学中使用范围较广的两套教材分别是《中文听说读写》(*Integrated Chinese*,刘月华、姚道中主编)和《新实用汉语课本》(*New Practical Chinese Reader*，刘珣主编)。两套教材均为综合性基础教材，没有分项技能教材配合。其语法规则均使用英文编写，并且避免出现"程度补语""连动句"等汉语语法专用术语。所现例句均有英文翻译，部分语法说明以边注形式出现，大部分附在课文及生词之后。语法点的解析偏重英汉对比，例如《中文听说读写》第三课课文二，特别用英文对形容词谓语句中"很"的用法进行了注释说明，着重解释了本句式"并非强调程度"，"与英语中的 very 不相同"。课后附有少量语法练习，大量的练习则是在配套练习册中出现，其中包括大量的翻译、看图写句子、句式变换等。也就是说，囿于有限的课堂教学时间，在课上讲练之外，需要学生花费一些时间在课后作业上，以此进行语法熟练度的巩固。另外，海外教材虽然有语法点的机械练习，但是相对更注重语法的应用性训练，也就是利用所学语法点完成相应的交际任务，因此，任务式教学法在语法教学方面的体现更为充分。

美国很多中小学及中文学校，使用《跟我学汉语》(陈绂，人民教育出版社)、《汉语》(暨南大学华文学院，暨南大学出版社)、《中文》(暨南大学华文学院，暨南大学出版社)、《说话》(暨南大学华文学院，暨南大学出版社)、《你好》(Shumang Fredlein 主编，ChinaSoft Australia 出版) 等中文教材，在此类教材中，一般只在教师用书中出现语法项目及例句。

当然，除了编写思路有所差别以外，在非目的语环境下，由于市场、条件等各方面的限制，汉语教学材料的丰富性相对不够，专门针对语法教学的书籍也远不如国内的选择余地大，这似乎也给在非目的语环境下进行教学的教师们带来了更大的工作量。

四、非目的语环境下的语法教学建议

教学有法，而无定法。对外汉语语法教学亦是如此，教师在课堂上使用到的教学方法各不相同。李泉（2007）在总结了各种语法练习的具体方式之后，认为语法教学方法主要有两个大类：潜藏式语法教学和明示式语法教学，前者包括"传意的语法教学""句型教学""大量母语语料的输入"三种，后者包括"演示式"和"归纳式"两种，但是，"现行的语法教学方式的理据和效果如何，如何探索语法教学的新模式，等等，都需要研究、总结和尝试"。

就非目的语环境的汉语教学而言,"全面浸入式""反复操练""重视听说"的明德模式(王学松,2007)至今仍被海内外诸多学校奉为经典,语法操练作为其中的一大组成部分,也充分体现了其模式特色;另外,随着 AP 课程的开展,采取"任务式教学法"进行语法教学也成了海外大力推行的教学方法之一。有学者认为:"纯语言知识的内容及其数量在 AP 汉语课程中并不重要,重要的是学生们运用汉语解决实际问题、完成具体任务的能力。"

也就是说,目的语与非目的语环境下语法教学方法、模式依然处于发展变化和完善的过程中。但是,非目的语环境下使用或者创造何种教学法并非无据可依,而是仍然需要考虑到"三教问题",遵循一些基本的理念和原则。

(一)教学原则与教学思路

虽然在目的语与非目的语环境中语法教学的目的存在一些共性,目的语环境下相对成熟的教学方法可以为海外所用,但是由于教学对象、教材、学习目的等方面的种种差异,在非目的语环境下进行语法教学时还应该结合实际情况,注意以下几项内容:

第一,外语在语法教学上的使用问题。一般而言,国内大多采用不同国别学生混合编班的分班模式,并且有较为成熟的分班考试,考虑到对不同国别学生的公平性,常要求教师不用或者尽量少用外语讲解汉语语法;但是在非目的语环境下,学习者一般有共同使用的一种语言,如在美国,汉语学习者绝大多数是熟练掌握英语的人,在这种情况下,一般并不严格要求教师只使用目的语,而是鼓励教师在熟悉所在国语言的前提下,使用所在国语言进行较为精辟简洁的讲解(全浸入式语言教学法除外)。例如,在英语国家教授时间副词"才"用于动词前表示"晚"的含义时,只要简单告诉学生"才"在这里的意思是"later than expectation"(比预想的时间晚),就可以清楚地解释该副词的语法含义,同时也可以避免出现"早""晚"这几个课文中尚未出现的生词。另一方面,引导学生进行课堂活动,应用所学语法点时,适当的外语也是节省时间、保证课堂环节顺利进行的一个工具。当然,由于非目的语环境下学生的课堂时间有限,教师是为数不多的语言输入来源之一,外语的使用应控制其比例,教师要将重点放在让学生进行语法点的实际操练和应用上,避免枯燥地大量罗列语法术语,讲述语法规则,继续坚持"精讲多练"的教学原则。

第二,要更加重视语法操练的趣味性和实用性。目前国内的教材常常包含替换练习，即用诸多同词性词语替换某个成分，组成新的句子。而国外很多教材即便是进行机械练习，也会给出相应的情景提示，比如在《中文听说读写》"去 + V"的语法操练中，就用英文给出了"假设你是高文中，你想明天请白英爱出去，用该结构提议，看看她喜欢哪一个"的提示，然后用小图展示了四项活动。显然，这是更加明确了语法项目的功能范围，也让学生进一步明确了适用条件，同时也是提升趣味性的一种方式。这提示我们，在非目的语环境中进行语法教学时，考虑到某些学习者动机不足的情况，教师应将趣味性和实用性放到重要位置，让学生能够时时在做中学，在学中用。教师备课时，也应该大量设置情景和任务，让学生尝试用新的语法解决新的任务。例如，在学习程度补语时，简单介绍结构之后，就可以让学生进行小组讨论，评价家人的特长、偶像的特长等等，学生就会饶有兴趣地说出"我觉得我爸爸跳舞跳得真不好看"这种既符合语法规则，又能活跃课堂气氛的句子来。

第三，非目的语环境下更要特别注意防止学生在语法使用上出现过度泛化和负迁移现象。由于非目的语环境下学生的母语相似或者学生熟悉所在国语言，因此偏误常常有规律性，这就要求教师要时时进行语言对比，进一步明确语法项目的适用范围和规则，也就是"从观念和结构分析上来巩固语句的使用"（曾妙芬，2007）。举例来说，在学习能愿动词"想"时，英语国家的学生可能会说出"你不想知道这件事"（You don't want to know this）以表达婉拒，但在汉语中这个句子则是不被接受的，教师需要做出预期，并在适当的时候给学生明确指出这一点。

（二）针对不同对象的语法教学方案与教学方法

1. 针对成人的语法教学方案与教学方法

成人由于已具备语言的基本知识，包括对第一语言或者第二语言语言系统的基本了解，因此进行相对有体系的语法教学是必要的。也就是说，要在介绍汉语语法基本规则、对比学习者母语与汉语异同的基础上，进行语法点的操练、扩展以及综合运用。但是，对于进行汉语学分课学习的在校大学生和利用业余时间学习的社会人士，语法点讲解的重点和比例应有所区别。

一般来说，对于在校大学生，可以参照规定教材中所列的语法点有主有次地进行讲解和练习，通过课上练习、课下复习、口头练习和笔头练习等各种方式使学生熟练使用所学语法和相关词语，其目标更多的是关注"说对、说好"，注重语言学习的系统性和渐进性，因此教师需要强调语法准确的重要性，在不伤害学生自尊心的前提下，纠正错误、防止错误发生，并在不断复习的基础上逐步推进。同时，由于在海外教育背景下大学生动手能力和自主能力强，学生习惯课下的"group study"（小组学习），有的教师或者大学就提倡课上对语法只练不讲，将语法学习和归纳总结的任务放到课下，课堂上只进行句子问答、情景描述、问题讨论、解决交际任务等各项应用性练习，教师起引导和纠正的作用。显然，这种方法与教学进度快、学习强度大的在华留学生汉语教学是有很大差别的。

但对社会人士而言，由于学习时间受限，目的各异，可能需要教师对教材语法点进行裁夺，根据学生需要有所取舍。例如，在实际操作中，有教师发现"你家有几口人？"这一句型以及其中所涉及的数量词搭配在美国汉语教学，尤其是社会人士的教学中很难处理，内容关乎隐私，答案难以界定。这类语法点就属于应该跳过或者简略讲解的内容。另外，由于对话、成段表达对这类学习者的吸引力更大，更能带来成就感，因此，语法讲解和操练也应该适度缩减，进行语法讲练要多用本课生词，涉及课文句子，为课文讲练做铺垫，并将练习重点放在课文上。

2. 针对中小学生的语法教学方案与教学方法

中小学生与成人的心理机制、语言学习方法完全不同，因此在语法教学上也是与对成人的教学存在很大差异的。傅海燕（2007）提出，中小学的课堂上，基本不教抽象的语法术语和理论，而是应该"在教学中创造语言环境和机会，让学生发现语言规律和如何应用"。在这种指导思想下，语法教学应该注重以下几个方面：

首先，要明确汉语教学的目的，以指导汉语语法教学乃至其他环节的教学。如果是高中 AP 中文课程，那么顺利沟通是教学重点，教师应采用各种教学活动，帮助学生在应用中口头掌握语言规则，同时要辅助部分写作（或者电脑写作）作业，帮助学生进一步熟悉这些语言项目；如果是 SAT 中文课程，由于考试涉及语法结构部分，那么适当的语法规则讲解则是必要的；如果是假日中文学校，绝大多数学生是有语言基础的华裔，那么语法教学的重点可能更多地落实在句群结构的操练和应用上，而不是单句的操练，利用书写提高语言表达能力，特别是书面语的语言组织能力更要得到强调；如果是课后家长学校，那么简单而常用的单句和最常用的问答则最能引起学生的学习兴趣，激发其成就感。

其次，要区别对待华裔学习者和非华裔学习者。对于华裔中小学习者而言，由于家庭背景影响，往往从小就具备一定的汉语听说能力，最基本的语法结构和日常表达已不成问题。那么语法教学内容除了上述的句群结构操练以外，教师还担负着提高学习者语言表达的丰富性，纠正方言造成的负迁移现象——比如"我听不懂你的说话"（受粤方言影响）——等种种语法教学任务。当然，华裔学生的家庭背景也是教师丰富教学内容的重要依靠，教师可以利用这一优势，请家长协助学习者完成包括视听说在内的种种课后作业，扩大其语言应用的范围，提高语言应用的频率。比如，有的教材会将课文里的重要句子放在课后，作为"和爸爸妈妈读一读，演一演"的练习（《中文》）。而对于非华裔的中小学生而言，语法教学则要通过各种形式的复述、问答和活动进行，以激发和保持学习者兴趣为主要出发点，由易到难循序渐进。课后作业则要以课上教学内容为基础，以复习为主要目的，巩固所学语法，避免量大题难的现象。

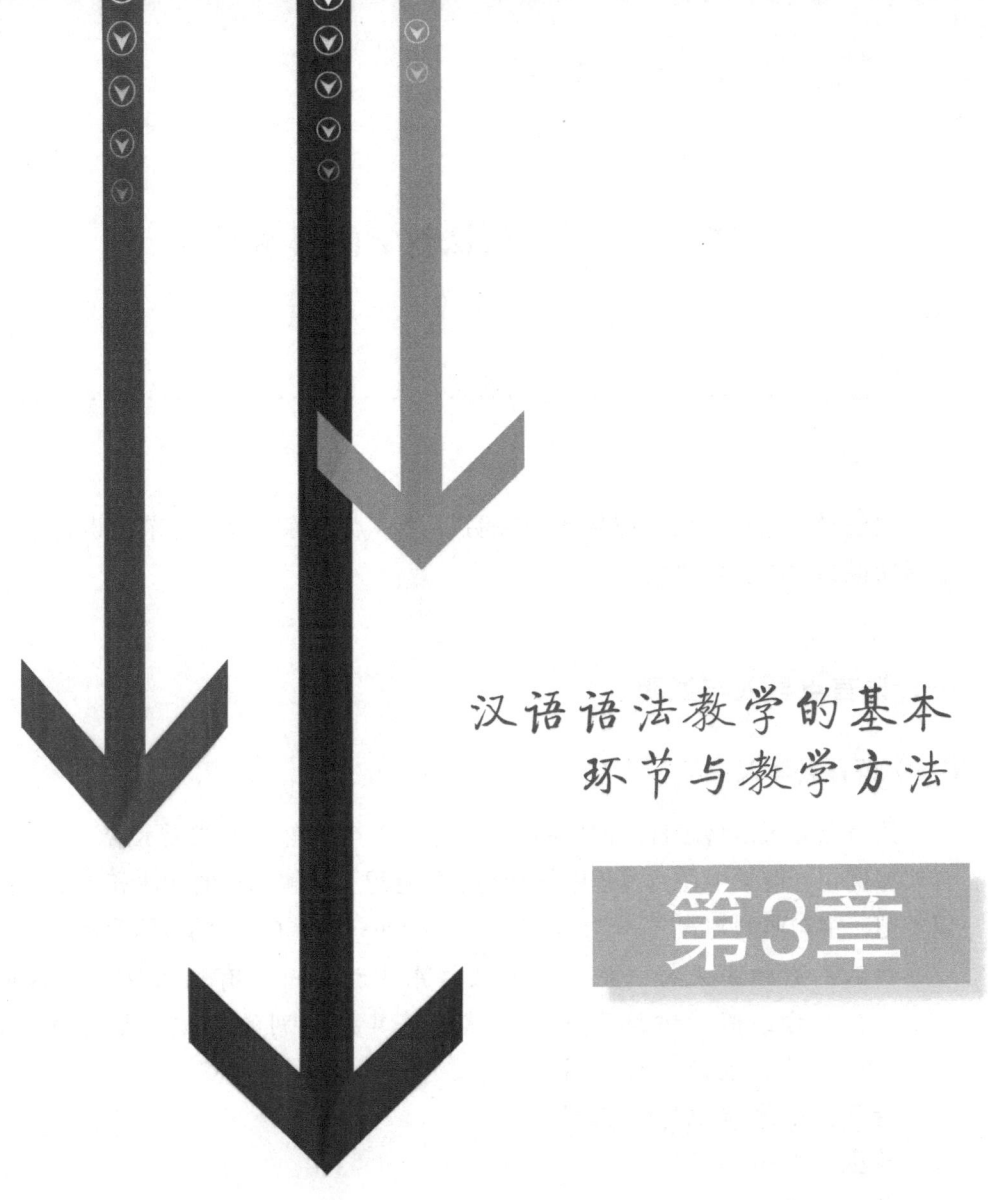

第3章

汉语语法教学的基本环节与教学方法

第 ① 节　　语法教学的基本环节

语法教学包括"语言点导入与说明""语言点操练"两大环节,也就是我们通常所说的"讲"与"练"。

一、语言点导入与说明

（一）语言点导入

语言点导入是将语言点使用的典型语境以真实自然的方式展示给学生,并配合典型例句,使学生在此过程中体会句子的意思,了解句子的句法和语用特征。以"把"字句典型句式之一"S＋把＋O＋V到……（了）"的展示为例：

导入：老师事先将一把椅子或某样东西放在一个有点儿妨碍走路的地方,假装被绊了一下,然后将其搬到别的地方,如窗户旁边。随后进行下面的问答。

老师：刚才这把椅子在哪儿？

学生：在……。

老师：在……好不好？

学生：不好/不方便。

老师：老师这样做（表现"搬"的动作）,这个（动作）用汉语怎么说？

学生：搬。

老师：从……搬到哪儿了？

学生：搬到窗户旁边了。

老师：好,如果我们想告诉别人一个东西从一个地方到了别的地方,还要告诉别人这件事是谁做的,要用"把"。比如：老师把椅子搬到窗户旁边了。

示例：

板书例句：老师　把　椅子　搬　到窗户旁边了。

总结公式：　S ＋ 把 ＋ O ＋ V　到……

（二）语言点说明

基础阶段语法教学的重点是汉语的基本句型和一些常用句式。对句子的说明需要关注句子的语义特征、句法特征和语用特征。语义特征包括句子的基本意义，隐含意义，句子中各成分的语义特征及成分之间的语义关系等；句法特征包括句子的结构，句子内部各成分的分布特征与句法要求等；语用特征指的是句子的表达重点，表达功能和交际用途，态度与情感以及语用环境等等。

上面提到的"把"字句是汉语中的常用句式，其语义、句法、语用特征都比较复杂。在基础教学阶段"把"字句的教学中，我们需要重点向学生说明的内容包括：

1. 句法特征

"把"字句的基本结构：主语＋把＋名词＋动词＋补充成分

常用句式：

① 主语＋把＋名词＋动词＋形容词
　　我把衣服洗干净了。

② 主语＋把＋名词＋动词＋趋向补语
　　你把那本书拿过来。

③ 主语＋把＋名词＋动词＋情态补语
　　我把房间打扫得很干净。

④ 主语＋把＋名词＋动词＋在＋地方
　　我把车停在楼门口了。

⑤ 主语＋把＋名词＋动词＋到＋地方
　　她把孩子送到幼儿园了。

⑥ 主语＋把＋名词＋动词＋给＋某人
　　我把作业交给老师了。

"把"字句的句法要求：

（1）"把"字句的宾语在意义上就是主要动词的受事，一般它是说话人心目中已确定的。

（2）动词后一般带有其他成分（如动态助词"了"、补语等，或者动词本身重叠），但不能带可能补语。

（3）主要动词（或动补结构）一定是及物的，往往是有处置或支配意义的。所以有些动词，如"有""在""是""觉得""知道""来""去"等，不能做"把"字句的主要动词。

（4）能愿动词或副词（做状语）必须放在"把"的前边。

2．语义特征

（1）基本意义：典型的"把"字句表示 A 对 B 进行某种处置。上面所举的"把"字句常用句式的 6 个例句中，"吃""拿""打扫""停""送""交"可分别视为对"药""书""房间""车""孩子""作业"的处置。还有一类"把"字句，A 未对 B 进行处置，但 B 的状态是由 A 造成的。如："你把我急死了""干了一天活儿，把我累得要命""看把你高兴得"。这类句子在初级阶段一般不涉及。

（2）在"A 把 B ＋动词＋补充成分"的句子中，补充成分一般说的是 B 的变化或情态，我们可以说"我把房间打扫得很干净"，但是不能说"我把作业写得很认真"。虽然这两个句子表层句法结构相同，但句子中成分之间的语义关系不同。前者的"干净"指向宾语"房间"，后者"认真"指向主语"我"。后者不符合"把"字句的语义要求。同样，我们可以说"我把饭菜放在桌子上"，但是不能说"我把饭吃在食堂"，因为"在桌子上"说的是宾语"饭菜"的位置，而"在食堂"说的是主语"我"的位置，后者不符合"把"字句的语义要求。

3．语用特征

（1）表达重点

使用"把"字句时，说话人的关注对象在由"把"引出的宾语上，语义重点在于对宾语的处置及对宾语造成的影响。

比较：

我吃完药了。（意思是"吃药"这件事完成了，后续句可能是"可以休息了"或"不用再吃了"。）

我把药吃完了。（意思是"药没有了"，后续句可能是"得再去医院开点儿"。）

（2）语用环境

对外国人来说，"把"字句的结构并不太难掌握，难的是为什么用和什么时候用，因此他们在实际交际中很少使用"把"字句。在教学中，教师除了要告诉学生"把"字句的语义重点以外，还要告诉学生必用"把"字句和常用"把"字句的语境。比如说明人将物放置于某处时,必须用"把"字句——他把书放在书架上。不能说"他放书在书架上"。有时候,某些情况用不用"把"都可以,比如"打开门"或"把门打开"。同样的动作,同样的结果,什么时候用"把",什么时候不用,这是外国人学习和使用"把"字句时最难把握的地方。在教学中我们可以选取使用"把"与不用"把"的较典型的语境进行对比,帮助学生体会"把"字句的语义和语用特征。例如:

语境对比:

语境1:A要去飞机场接人,请B描述被接人的样子。

对话:

  A:那个人什么样儿?

  B:上身穿着一件红衬衫,下面穿着蓝裤子,

  <u>肩上背着书包</u>。(一般性描述,不需要用"把"字句。)

  *把书包背在肩上。

语境2:A今天要去见女朋友,想把自己打扮得帅些,请B给他出主意。

对话:

  A:我今天应该穿什么衣服?

  B:上身穿件红衬衫,下面来条牛仔裤,

  <u>把包斜挎在肩上</u>。

在语境1中,说话人只是一般性地描述一个人的外貌,关注点是人的样子,而非对某个对象的"处置",因此不需要用"把"字句。而在语境2中,说话人关注的是对"包"的"处置",处置方式是将其"斜挎在肩上",以达到"看起来帅"这一目的,这是使用"把"字句较为典型的语境。

前面已经提到,"把"字句的语义、句法、语用特征相当复杂,需要结合例句进行详细说明。而对一些意思和用法比较简单的句子,并不需要特别说明,在导入的过程中通过典型的语境和示例让学生体会,对某些特别需要注意的问题进行简单提示即可。比如用"还是"的选择问句,可以采用如下导入和说明方式:

以扩展的方式引出用"还是"疑问句进行提问。

  还是

  咖啡还是茶?

问题1:你爱喝咖啡还是爱喝茶?

例句展示1：A：你爱喝咖啡还是（爱）喝茶？

　　　　　　B：我爱喝咖啡／茶。

问题2：××同学是日本人还是韩国人？

例句展示2：A：××同学是日本人还是韩国人？

　　　　　　B：××同学是日本人／韩国人。

结合例句简单说明：

① 如果"还是"前后的动词一样，后面的动词也可以省略（边说边将例句1中的第二个"爱"字用括号括上）。

② 如果动词是"是"，"还是"后边不能再有"是"（边说边在例句2的"还是"后插入一个"是"，并且在字上打一个"×"）。

需要注意的是，有些老师习惯在教语法时，先对各个语法点做一段说明，如"'还是'用在疑问句中，表示选择"。实际上，学习选择疑问句时，学生通过"还是"的译词"or"能够知道该词的基本意思，老师将其直接带入疑问句中进行提问，学生很容易理解。就该语法点而言，上边的"定义式"说明不太必要。

总之，语言点的说明是与导入结合在一起还是导入后结合例句进行，哪些需要说明，哪些不需要以及说明的"度"等需要教师根据语法项目的特点及教学对象的特点与接受能力做出恰当的选择。

二、语言点操练

语言点操练一般包括机械操练与活用练习两部分。机械操练主要是针对某个句型句式进行反复练习，帮助学生加深印象，在句子的意义与形式之间建立联系；活用练习是在学生掌握了句子的意思和用法的基础上，通过一些交际性练习，让学生运用所学知识说出自己想说的话，提高学生的语言交际能力。

机械操练根据操练过程中学生表达的自由度分为不自由与半自由两种情况。前一种多采用替换练习的方式，即用所给词语替换句中画线部分的内容。这种练习，句子的内容和所用的词语都是既定的，学生不能自主选择。练习的目的主要是帮助学生熟悉句型句式。（例见下文"语言点操练的基本方法"部分的"替换法"。）

半自由练习是通过老师设定的情景或给出的上下文让学生进行表达练习，学生表达部分的内容是相对开放的，但由于情景和上下文是老师设定的，所以这种练习实际上还是在老师的控制下进行的，属于"半自由"的情况。

例：用"着"的存现句。

1. 不自由机械练习

根据图片，用"地方＋V＋着＋名词"结构说一句话。

桌子上放着一本书。

墙上挂着一张地图。

地上铺着一块地毯。

2. 半自由机械练习

用"地方＋V＋着＋名词"说说我们的教室或你的房间。

3. 活用练习

（1）通过PPT展示两个房间照片，让学生找出照片中不一样的地方，用"着"描述不同处。如：A房间的灯关着，B房间的灯开着。可以采用比赛的方法，看谁找得快，说得对。

（2）场景：去飞机场接一个不认识的人。

要求：用"着"告诉对方自己的样貌。

第 ② 节　　语法教学的基本方法

一、语言点导入与说明的方法

（一）形象法

形象法就是利用图片、图示或动作等形象的手段导入语言点，使学生在此过程中体会句子的意思。

例1：比较句。

第一步：形象展示。

老师请一位个子比老师高的同学到前边来，老师跟该同学站在一起，问大家：你们看，××同学高还是老师高？

学生：××同学高。

第二步：引出例句。

老师：用"比"怎么说呢？（引导学生跟老师一起说出"××同学比老师高"。）

板书例句及结构公式：

A　　　　比　　B ……

××同学　比　老师　高。

例2：趋向补语。

第一步：图画展示。

通过图片或简笔画显示"上""下""进""出""回""起"。

板书：上

　　　下

　　　进

　　　出

　　　回

　　　起

第二步：通过图片或简笔画显示表示方向的"来""去"。

板书：上

　　　下

　　　进

　　　出　　　来/去

　　　回

　　　起（注意提示学生没有"起去"的说法）

第三步：动作展示。

老师请学生看着老师走出教室然后返回。提问：刚才老师做什么了？

引出例句并板书：

刚才老师出去了。

（二）情景法

情景法就是教师给学生描述某个情景，通过该情景引出目标句。

例1：结果补语。

第一步：情景提示。

　　老师：房间脏了，应该做什么？

　　学生：打扫。

　　老师：打扫以后，房间怎么样了呢？

　　学生：干净了。

第二步：引出例句。

　　老师：用一句话怎么说呢？（带领学生说出例句）

　　板书例句：房间打扫干净了。

　　　　　　　我打扫干净房间了。

说明：在这个句子里，"打扫"是动作，"干净"是"打扫"的结果，动作和结果放在一起，我们先说动作，然后说结果——"打扫干净"。"房间"是"打扫"的宾语，可以放在"打扫"的前边，也可以放在"打扫干净"的后边。放在前边强调的是"房间"怎么样了，放在后边强调"我"做了什么。宾语一定不能放在动作和结果的中间。不能说：

　　　　　　打扫房间干净了。（×）

例2：用"吧"的一般疑问句。

师：你想知道你的朋友最近忙还是不忙，你怎么问？

生：你最近忙吗？

师：怎么回答？

生：很忙/不忙。

师：要是最近你给朋友打电话，他常常不在家。你觉得他可能很忙，你问的时候可以说"你最近很忙吧？"。

　　板书例句：你最近很忙吧？

师：如果他真的很忙，他可以说"很忙"，也可以说"对"，意思是你说的是对的。如果不忙，可以回答"不忙"，一般不说"不对"。

　　补充板书：

　　A：你最近很忙吧？

　　B：很忙/不忙。

　　　　对。

（三）以旧带新法

以旧带新法顾名思义就是利用学生学过的句子引出新的句型句式。

例1：以陈述句导入疑问句。

一般疑问句：

第一步：教师利用词语扩展或直接展示的方式引出一个陈述句，并板书或用PPT显示：

我是留学生。

第二步：在陈述句前添加字母和冒号使其表现为对话时的答句，在问句位置画出横线并在句尾位置写出"吗"和问号：

A：_____吗？

B：我是留学生。

第三步：引导学生说出目标句"你是留学生吗？"并添加板书：

A：你是留学生吗？

B：我是留学生。

特殊疑问句：

第一步：教师利用词语扩展或直接展示的方式引出一个陈述句，并板书或用PPT显示：

玛丽想星期天跟朋友一起骑自行车去长城。

第二步：在相关词语下画出横线：

<u>玛丽</u> <u>想</u> <u>星期天</u> <u>骑自行车</u> <u>去长城</u>。

第三步：在陈述句前添加字母和冒号使其表现为对话时的答句，留出四个问句位置并在与答句中画横线词语相对应的位置画上横线并写上问号：

A1：____？

A2：　　____？

A3：　　　　　____？

A4：　　　　　　　　____？

B：<u>玛丽</u> <u>星期天</u> <u>骑自行车</u> <u>去</u> <u>长城</u>。

第四步：引导学生用疑问词逐个替换问号，将问号移到句尾：

A1：<u>谁</u>　　　　　　　　　　？

A2：　　<u>什么时候</u>　　　　　　？

A3：　　　　　　　怎么　　　　　？
A4：　　　　　　　　　　　哪儿？
B：玛丽　星期天　骑自行车　去长城。

第五步：引导学生说出完整问句：

A1：谁星期天骑自行车去长城？
A2：玛丽什么时候骑自行车去长城？
A3：玛丽星期天怎么去长城？
A4：玛丽星期天骑自行车去哪儿？

例2：由结果补语引出可能补语。

根据语言点的教学顺序，可能补语应该在学生学过结果补语之后出现。因此我们可以通过复习结果补语的方式引出可能补语：

第一步：（老师提问）昨天的作业同学们都写完了吗？

（学生回答）写完了／没写完。

板书：作业写完了。
　　　　作业没写完。

（注意：如果大家都写完了，老师可问学生如果有人只写了一半，可以怎么说。引导出"没写完"。）

第二步：（老师提问）昨天有3个作业，要是老师今天给同学们留6个作业，你们能写完吗？

（学生回答）能／不能。

（老师提问回答"不能"的学生）是不喜欢写，所以不能写完吗？

（学生回答）不是，作业太多了／没有时间／……。

第三步：（老师讲解）在"我们做完作业了"这个句子里，"完"是"做"的结果，如果因为作业太多了或者没有时间，我们想"做"，可是没办法"做完"，我们常说"做不完"，一般不说"不能做完"。要是作业不多或者有很多时间，"做"而且能"完"，我们可以说"做得完"，也可以说"能做完"。由此引出例句：

板书：

A：作业多不多？做得完吗？

　　　　B：不多，做得完。
　　　　　太多了，做不完。

（四）对比法

对比法就是通过对比的方式帮助学生把握不同的句子在语义、句法和语用上的异同。上文中对"把"字句与非"把"字句的语境对比就是使用的对比法。我们再看一下"是……的"句与"了"的对比。

第一步：展示两个对话。

对话1：
　　　　A：你们周末做什么了？
　　　　B：我们周末去长城了。

对话2：
　　　　C：听说你们去过长城，什么时候去的？
　　　　D：<u>我们是周末去的</u>。

第二步：通过对比说明"我们周末去长城了"跟"我们是周末去（长城）的"这两句话的意思有什么不同。前者是想告诉别人"我们周末去长城了"这件事，后者想告诉别人去长城的时间。由此引出："是……的"句的重点不是说明发生了什么事，而是说明已经发生的事情的某个方面的情况。

正误对比也是语言点说明时常用的方法，将外国人的常见偏误与正确用法进行对比可以帮助学生加深印象，防患于未然。

例1：时间状语。
正：我每天6:30起床。
误：我每天起床6:30。

例2：存在的表达。
正：地铁站对面有一个公园。
误：地铁站对面有颐和园。

除了汉语句子之间的对比以外，针对同一母语背景的学生，我们还可以通过汉外对比帮助学生掌握汉语句子在其母语中的对应表现和两者之间的差异等。

例：形容词谓语句。

	结构形式				例句
汉语	S	+ Adv	+ Adj		她很漂亮。
英语	S + be	+ （Adv）	+ Adj		She is (very) beautiful.

（五）扩展法

扩展法就是由词扩展为词组，再由词组扩展为句子，引出目标句。

例1：双宾语句。

对生词"给"进行扩展：

给

给我　给他　　给朋友　　给……

给我一本书　　给他一杯咖啡　　给朋友……

目标句：老师给我一本书　　我给他一杯咖啡　　他给朋友……

例2：地点状语。

对介词"在"进行扩展：

在

在北京　在中国　在家　在教室　在……

在北京学习　在中国工作　在家休息　在教室学习　在……

目标句：我在北京学习汉语　我朋友在中国工作　……

（六）发现法

发现法就是先给出一些句子，老师引导学生发现并归纳出句子的语义、结构、语用特征。

例1："就"和"才"。

第一步：先给学生展示几个句子，突出句子中的"就"和"才"。

　　　　他平时6点就起床，今天是周末，10点才起床。

　　　　他妹妹23岁就结婚了，他35岁才结婚。

　　　　昨天的作业很少，我半个小时就做完了。

　　　　今天的作业很多，我两个小时才做完。

　　　　上一课的汉字很容易，我写了一遍就记住了。

　　　　这一课的汉字很难，我写了十遍才记住。

第二步：老师引导学生通过观察例句归纳出什么时候用"就"，什么时候用"才"：强调动作发生的时间"早"，进行的时间"短"或做的次数少等，用"就"；强调动作发生的时间"晚"，进行的时间"长"或做的次数多等，用"才"。

第三步：归纳"就"和"才"在句子中的位置，以及表示已经发生的事情时，"就"句句尾用"了"，"才"句句尾不用"了"。

主语＋时间／年龄／次数……＋就／才＋V＋（了）

例2："再"和"又"。

第一步：展示几组含"再"或"又"的句子。

再

我想下个月再去一次长城。

我打算再买一部手机。

服务员，再来一瓶啤酒！

又

我去过好几次长城，昨天又去了。

他已经有两部手机了，上周又买了一个。

他们已经喝了五瓶啤酒了，刚才又要了一瓶。

第二步：归纳"再"和"又"在用法上的差异。

"再"用于还没有发生的事，"又"用于已经发生的事。

注意："又"还可以表示多次、反复发生的行为，这时可以用于未来发生的事。

如：听天气预报说，明天又有大雨。（最近经常下大雨）

A：我下个星期去上海出差。

B：又出差？你这个月已经出了三次差了。

例3：程度补语。

老师先给学生讲一个小故事，故事中包含着很多"得"，让学生听后发现这个新的语言点。

昨天晚上张经理跟朋友一起喝酒了，他们喝得非常多，都醉了。张经理睡得很晚，今天早上起得也很晚。起床以后，他觉得头疼得很厉害。太太给他做了早饭，早饭做得很好吃，可是他的肚子不舒服，吃得比较少。

他对太太说："我以后再也不喝那么多酒了。"太太说："你现在说得很好，下次喝酒的时候又忘了。"

学生听老师说两遍这个小故事，老师可以用提问的方式引出其中含"得"的句子，板书后引导学生发现"得"出现的语境以及句子所表达的意思，进而归纳出句子的结构特征。

张经理昨天喝酒喝得多不多？

他睡得晚吗？

今天早上起得早吗？

起床以后，他觉得怎么样？

太太早饭做得怎么样？

他吃得多不多？

他对太太说什么？

太太听了以后说什么？

除了上面的方式以外，也可以让学生听后说出在这个故事中总是出现哪个词，由此引出该语言点。

需要注意的是，这段故事中也用了很多"了"，如果学生还没学到"了"，故事的内容或叙述方式就要重新编排。这里只是给大家提供一种方法，具体内容老师要根据教学实际进行设计。

（七）公式法

公式法是将句子结构以公式的形式列出来，可以是先出例句再归纳结构，也可以是先给出结构，然后举例说明。

例1：时量补语。

以问答式导入。

老师：你们每天几点上课？几点下课？

学生：8点上课，12点下课。

老师：一共几个小时？

学生：4个小时。

老师："上课"是一件事，"4个小时"是时间，放在一个句子里怎么说呢？

板书例句：我们每天上4个小时（的）课。

归纳公式：主语＋动词＋时间＋（的）＋名词

练习部分老师提供相关情景，让学生利用上面的公式进行表达。

例2：复句"无论……，都……"。

情景导入：一个同学说，他非常爱他的女朋友，一定要跟她结婚，父母同意不同意没关系。这样的情况我们可以说：

板书句式1：

无论……不……，都……

引导学生利用上面的句式说句子。

无论父母同意不同意，他都要跟他的女朋友结婚。

练习：（略）

练习完常用句式1后，可分别按照上面的步骤进行常用句式2、3、4的讲练。

常用句式2：

无论……还是……，都……

例句：他在中国很有名，无论老人还是孩子都知道他。

常用句式3：

无论……多（么）……，都……

例句：我不爱他，无论他多（么）有钱，我都不会跟他结婚。

常用句式4：

无论＋什么/怎么/谁/哪儿……＋都……

例句：他以前常常骗人，现在无论他说什么，大家都不相信。

以上我们介绍了语言点导入与说明的基本方法。在教学中，我们可以根据某个语言点的特点选择一种或多种方法进行导入与说明。比如"把"字句，语义说明可用形象法或情景法，展示句子结构用公式法，语用说明可用对比法。总之，使用哪种方法最合适，要具体问题具体分析，课前仔细斟酌，做好充分准备，以求获得最佳的教学效果。

二、语言点操练的基本方法

语言点的展示与说明中使用的一些方法在操练过程中也可以使用，如形象法——看图或看动作说句子、问答法——通过问答的方式练习、情景法——根据某种情景说句子。除此以外，还有一些常用的练习方法：

（一）替换法

替换法就是用所给词语替换句子中画线部分的内容，可以是单项替换，也可以是多项替换。

例1：时间表达法。
A：现在几点？
B：现在 6：30。

| 7：15 | 4：20 | 3：05 |
| 2：00 | 12：45 | 1：50 |

例2：用"着"的存现句。
<u>桌子上</u> <u>放</u>着 <u>一本书</u>。

墙上	挂	两张地图
本子上	写	他的名字
教室里	摆	很多椅子

（二）完句法

例1：复句"不但……，而且……"。
我们班的同学不但很聪明，_____。（而且）
例2：事情正在进行的表达。
我给他打电话的时候，_____。（正在）

（三）变换法

变换法就是改变句子的形式。如将肯定句变成否定句，将陈述句变成疑问句，将非"把"字句变成"把"字句或将"把"字句变成"被"字句等。做这项练习时需要让学生了解句子变换后在形式或意义上需要注意的一些问题。

例1：将肯定句变成否定句。
肯定句：我今天吃早饭了。
否定句：<u>我今天没吃早饭</u>。
肯定句：他有一个妹妹。
否定句：<u>他没有妹妹</u>。
（说明：不说"他没有一个妹妹"。）
肯定句：周末我要去长城。
否定句：<u>周末我不想去长城</u>。
（说明：表示意愿时，"要"的否定是"不想"，不是"不要"。）

例2：将非"把"字句变成"把"字句。

我们喝完酒了。

→我们把酒喝完了。

（说明："我们喝完酒了"侧重于"喝酒"这一行为的结束，后续句可能是"该回家了"；"我们把酒喝完了"侧重于"酒"由"有"到"无"的变化，即"酒没有了"。）

房间里空气不太好，你去打开窗户。

→房间里空气不太好，你去把窗户打开。

（说明："你去打开窗户"句侧重于让"你"做"打开窗户"这件事，"你去把窗户打开"句侧重于"窗户"由"关"到"开"的状态变化。）

（四）改句法

改句法就是使用不同的说法表达基本相同的意思。

例1：事情正在进行的表达。

用"在……呢""……呢"改说句子。

我正在上课。

→我在上课呢。

→我上课呢。

例2：存在的表达。

用"在"改说句子。

图书馆北边是操场。

→操场在图书馆北边。

（五）任务法

任务法就是让学生用所学的句子完成某项任务。

例1：比较句。

将学生分成两组，找出一个女同学，假设有两个人——甲、乙——都追求她，一组同学帮助甲，另一组同学帮助乙，每个组员用"比"字句来说明自己支持的一方的优势，以帮助其"战胜"对手。如：

A组组员：甲比乙高。

B组组员：乙比甲帅。

……

最后让那位女同学决定接受谁，并用"比"字句说出理由。

例2：特殊句式"是……的"。

三人一组，假设其中一个人是公司经理，另两位是应聘者。公司经理需要了解应聘者的经历（尽量用"是……的"句），然后向总经理（全班同学）汇报两个人的情况，由总经理决定录用谁。例：

经理：你是怎么知道我们公司的？

你是学什么专业的？

你是哪年上的大学？哪年大学毕业的？

你去过别的国家吗？你是什么时候去的？你是去做什么的？

……

（六）游戏法

通过做游戏的方法帮助学生熟悉和掌握句型句式。

例1：传话游戏。

老师将一个比较复杂的长句跟第一个学生说一遍，让其转告另一个学生，以此类推，最后一个学生把他听到的句子说出来，再请第一个学生说说他听到的句子，两相对比一下看是否一样。

如：小王请小李的妈妈告诉小李星期天早上8：30在北京饭店旁边的一个咖啡厅见面。

例：答非所问游戏。

一个学生问另一个学生一个问题，该学生要"答非所问"。例：

A：你叫什么名字？

B：我今年18岁。

（七）造句法

造句也是语言点操练的方法之一。但需要注意的是，在课堂教学中，我们不太提倡不做任何情景或语境提示直接让学生进行口头造句练习。一般来说，相对于其他的练习方式，造句需要较长时间的思考，有的学生想表达的内容可能还涉及自己没学过的生词，于是会去查词典，这样需要的时间就更长，课堂上会出现全班学生等一个人的"冷场"局面，而那个学生也有可能会因为别人的等待而感到紧张和压力。而我们在前文中介绍的练习方法因为是在老师精心设计的语境中进行的，难度和内容都是有所控制的，因此学生能够较顺利地完成。此外，自由造句由于没有相关提示或限制，学生造出的句子可能是五花八门的，有的可能包含别的同学不知道的生词，有的出现的语法偏误可能涉及学生目前还没学到的语言点，这就给老师纠错带来较大负担，如果处理不好，很可能转移当课教学重点，影响教学进度。但是如果是课外的笔头作业，造句则不失为一种有效的练习方式，即使出现偏误，教师在批改时面对的是一个学生，可以有针对性地进行说明，而不会影响到其他学生。

第4章

汉语语法教学中应注意的问题与教学案例分析

第 1 节　　语法教学中应注意的问题

第二章第三节关于语法教学原则的部分提到语法教学应遵循精讲多练、注重用法、深入浅出、分散难点等原则。在这些大的原则之下，还有一些细节问题需要注意。

一、导入方式与导入内容的选择

语言点导入是语言点教学的第一步，也是很关键的一步。好的导入可以让学生一下子就明白词语或句子所表达的意思。语言点的导入方法很多，有时一个语言点可以用多种方式导入，比如表示"事件正在进行"的表达可以采用形象法导入：老师做个动作，问学生"老师正在做什么呢？"。也可以采用扩展法导入，通过扩展生词"正在"引出目标句：正在——正在上课——我们正在上课。采用何种方式，教师应该根据所教授的语言点的特性及教学对象的特点仔细斟酌。原则是导入过程要简洁明了，生动自然，同时要避免因导入方式不当而造成学生理解上的偏差或混淆。

此外，在导入内容的设计上，要注意选取学生熟悉的事情或场景，比如学生身边的人或事。有些老师为了做到这一点，在学期之初就有计划地根据教学内容将学生们在学习和语言实践活动中的场景拍摄下来。比如，一位老师在教"正在"句时在PPT上显示的是学生们打球、爬山甚至在火车上睡觉的场景，通过用"正在"描述画面上显示的场景引出语言点。由于是学生的亲身经历，学生说的时候会产生实际的联想，这样不但形象、生动，而且使学生印象深刻，课堂气氛也非常活跃。可见，要想达到理想的教学效果，老师需要做个有心人。

需要注意的是，用学生自身或周围的事例来导入语言点时，不是所有的事例都能用，比如一些可能会伤害学生自尊心的例子就不能选取。以"比较句"为例，有的老师通过对比班上两个学生的情况引出"A比B……"句。这样的方式的确很直观，但如果对比不当，可能会引起不必要的麻烦。像"玛丽比妮娜高""玛丽比妮娜努力"等句子都有可能引起玛丽或妮娜的不快。而"玛丽比妮娜胖"更是一定要避免的。如果要进行人与人的比较，最好的方式是用图片，这样"A比B高/矮/胖/瘦"这些常用的句子就不受限制，可以随便说了。除了导入过程以外，在语言点操练等其他教学步骤中，这一问题也应引起老师的注意。

二、例句的设计原则

在语法教学中，例句主要有两大作用：一是帮助学生了解句子的语义、句法和语用特征，二是为学生遣词造句提供范例。为此，好的例句应该具有以下特性：典型性、实用性、通俗性、针对性和生成性。

（一）典型性

所谓典型性，指的是例句的形式和内容能够反映某个语法项目在典型语境下的典型用法。有些句子不是不能说，但是需要特殊的语境，这样的句子就不适合在导入阶段展示。以"是……的"句为例，"我是红色的"这句话在大家谈论书包的颜色时可能会说，如果脱离该语境，这句话就不成立了，这样的句子就不能算作"是……的"句式的典型用例。我们需要给学生展示的是类似"这本书是我的""我是A3班的"这种常用而且基本不受语境限制的句子。

（二）实用性

对大部分二语学习者来说，学习的目的是用所学的语言进行交际，因此在语言教学中，我们展示给学生的句子和让学生操练的句子都要注重实用性，即根据教学对象的特点和语言水平选取其在交际中经常会接触到和使用到的句子。比如用疑问代词的特殊疑问句中关于询问姓名的句子，如果教学对象是儿童，只展示一个例句——"你叫什么名字？"——就可以了。如果教学对象是大学生和一般的社会人士，"您贵姓？""你叫什么名字？"都是很实用的句子。而对于一些公司职员来说，"怎么称呼您？"也是应该学习和掌握的。

（三）通俗性

所谓通俗性，是指例句应该是通俗易懂的，这一点我们在导入内容设计部分已经介绍过。除了内容是学生熟悉的以外,通俗性还有一个要求,就是句子的内容简单易懂。要做到这一点,除了句子结构要尽量简单以外,还要注意除了作为语言点的新词以外,不宜再有学生尚未学过的词,例句务求突出主要信息,其他信息尽量简单,以免主次混杂,分散学生的注意力。

(四)针对性

关于例句的针对性,周健、彭小川、张军(2004)指出两点:

1. 针对所教的语法现象的特点及其交际功能来设计例句。

他们以可能补语为例指出,据有关专家统计,可能补语主要用于否定式,用于肯定形式则受到限制,限于用在疑问句、与否定形式相对的肯定句以及包含否定意思的句子中。因此教可能补语时,应针对此特点,先设计否定形式的例句,并创造适宜的语言环境引入。

据此,我们可以设计以下例句:

我只学了一个月汉语,看不懂中文报纸。

这件衣服太脏了,洗不干净。

肯定形式的可能补语则用不同的方式引入:

甲:你们点了那么多菜,吃得完吗?

乙:没问题,吃得完。

我听不懂出租车司机说的话,我朋友听得懂。

2. 针对学生常犯的语法错误来设计例句。

针对学生常犯的错误来设计例句,可以提高学生的警觉,起到"防患于未然"的作用。

以复句"要是……,就……"为例,使用这个句式时,外国人常犯的错误是将主语放在副词"就"的后边:

*要是有时间就我去。

针对这种情况,我们要设计主语出现在不同位置的例句并予以突出显示,同时注意展示错误用例:

我要是有时间就去。

要是**我**有时间就去。

要是有时间**我**就去。

*要是有时间就**我**去。

（五）生成性

例句除了帮助学生了解句子的意义和用法外，还有一大作用就是为学生遣词造句提供范例。所谓例句的"生成性"指的就是例句应该成为学习者生成新句子的"模板"。为此，我们需要尽可能全面展示句子的语义、句法和语用特征。

以时量补语为例，带时量补语的句子，宾语位置比较复杂。一般名词多位于补语之后；宾语是人称代词或称呼时，常位于补语前；处所宾语常位于补语前。宾语是一般名词、人称代词或称呼时，还可以采用"动词＋宾语＋动词＋时量补语"的语序。在设计例句时，我们应该将宾语在不同位置的句子全部展示出来。

句式1：主语＋动词＋宾语＋动词＋（了）＋时间

我　　上　　课　　上　　了　　四个小时。

我们　　等　　他　　等　　了　　半天。

句式2：主语＋动词＋（了）＋时间＋（的）＋宾语

我　　上　　了　　四个小时　的　　课。

句式3：主语＋动词＋（了）＋人＋时间

我们　　等　　了　　他　半天。

句式4：主语＋动词＋场所＋时间＋（了）

我　　来　　北京　半年　　了。

要正确使用一个句子，除了要了解句子的基本意义和句法特征以外，还要知道这个句子什么时候用。二语学习者在使用目的语进行交际时，除了语用偏误外，还有一个常见的现象是"回避"，即对一些已经学过的语言点——甚至在课上已经通过练习掌握得比较熟练的词语、句型、句式——在实际交际中很少使用或基本不用，而其中有些词语和句子在目的语中使用频率相当高。如汉语中的"把"字句、表示强调的"是……的"句、可能补语以及一些虚词等。回避的原因有的是词语、句子的语义或句法特征比较复杂，学习者出于回避难点或怕犯错的心理而不用，有的则是不太明确这些词语或句子为什么用和什么时候用。针对这一问题，我们在加强对词语或句子语用特征说明的同时，还要辅之以语境明确的例句，必要的时候应给出上下文。

以表示强调的"是……的"句为例：

我们知道，"是……的"句的用法之一是强调已然事件发生的时间、地点、方式、目的等。句子的语义重点不是说明发生了什么事，而是说明已经发生的事情的某个方面的情况。前文已经提到，"我朋友昨天来北京了"要告诉别人的是"我朋友来北京了"这件事，而"我朋友是昨天来北京的"要告诉别人的是朋友来北京的时间。句子的前提是听话人已经知道对方朋友来北京了这件事，对听话人来说，新信息不是事件本身，而是事件的某个方面。在实际使用中，"是……的"句有时出现在表示事情实现的"……了"或表示过去经历的"……V过"句之后。有时如果说话人知道某件事情已经发生，或说话人认为听话人知道某件事已经发生，可以直接使用"是……的"句强调事情的某个方面，比如甲看到乙出差回来了，见面时可以先寒暄一句"回来了"，然后问"什么时候回来的？"，也可以单刀直入："你什么时候回来的？"但是在教学中，作为例句，我们建议将实际交际中可能隐去的信息显示出来，给学生明确的语境提示。如：

听说你上个月去西安了，是跟谁一起去的？坐火车去的还是坐飞机去的？
我以前去过美国，是上高中的时候去的，跟父母一起去的。
"……了"与"是……的"句对比：
（B在朋友家做客）
A：菜做好了，快来尝尝。
B：真好吃，是你做的吗？
A：不是，<u>是我妈妈做的</u>。
（B回到自己家）
C：今天吃得怎么样？
B：好极了，<u>A的妈妈做了很多好吃的菜</u>。

三、语言点说明应注意的问题

（一）精讲多练、深入浅出

精讲多练、深入浅出是语言教学的基本原则，体现在语言点说明方面，就是一要注意讲与练的比例，少讲多练；二要注意根据学生的接受能力使用学生最容易理解的语言及表情、体态等辅助手段进行说明，尽量少用深奥的语法术语，避免照搬语法著作或教材中较为抽象复杂的解释。（参见第三章第二节"教学原则"部分。）

（二）细化对词语和句子语义、句法和语用特征的说明

二语学习者，特别是初级阶段的学习者，没有目的语的语感，他们使用目

的语进行交际时靠的是通过学习而掌握的有关目的语的语言知识。具体到对某个词语、句型、句式的使用以及使用是否得当，取决于使用者对该词语、句型、句式所表达的语义、句法、语用特征是否掌握及掌握得是否全面和准确，因此，在学习者的语言水平所能接受的范围内，教师和教材中所提供的语言知识信息越丰富、越全面，对学习者的帮助就越大。

以"时点的表达"为例，基本的表达方式是：

_____ 点 _____ 分：8 点 10 分。

差 _____ 分 _____ 点：差 5 分 8 点。

在交际中，"分"有时能省略，有时不能省略。比如"8：20"，在日常口语中，我们一般说"8 点 20"，而较少说"8 点 20 分"，"分"通常省略；但是"8：10"，我们只能说"8 点 10 分"，不说"8 点 10"，"分"不能省略。对于"分"的省略，中国人凭的是语感，但是要让外国人正确使用的话，我们需要告诉他们相关的规则：出现在"点"后的"分"，如果是 10 分以内（包括 10 分），"分"不能省略，10 分以上则可以省略。

关于句子的语义、句法和语用特征，前文已经在多处提到，在此需要进一步强调的是，语言点的说明不只要关注基本意义和用法，还应对影响使用的一些细则做出明确提示。

四、语言点操练应注意的问题

在语言教学中，我们总是在强调精讲多练，还有一种说法是，语言不是教出来的，而是练出来的，可见练习的重要性。在教学中我们发现，有的老师也了解练习的重要性，但对如何练习却感到茫然，甚至说到练习只能想到一种方法：造句。在上一章"语言点操练的基本方法"部分，我们建议在课堂教学中尽量不用或少用自由口头造句的练习方法并说明了理由。实际上，除了造句的方法，我们还有更多更适宜的练习方法，重要的是掌握练习要领，知道练什么和怎么练。

关于练习中要注意的问题，概括地说就是两点：一是练习内容设计要合理，二是练习方法要得当。

（一）练习内容的设计

1. 练习内容要有针对性

仍以基础阶段的句子练习为例，操练的目的是要让学生熟悉和掌握句子的意义、结构与使用环境。练习的内容设计总的来说是要围绕这几个方面来考虑。同时，要根据不同的句子在学习和使用过程中难掌握和容易出现问题的部分设计有针对性的练习。练习要注重效果，而不能流于形式。比如，"把"字句的结构相对来说比较简单，难的是什么时候用，用与不用在语义上有何不同。为此，我们需要针对这两个难点设计一些使用"把"字句的典型语境和可以显示"把"字句与非"把"字句语义差异的语境，让学生在语境中进行操练，以加深对"把"字句的认识。（参见第三章第一节关于"把"字句的相关教学示例。）再如，以问答的方法练习语言点时需要注意，问答不能只是老师问，学生答。这样做的弊端是学生虽然能听懂并回答问题，但却不能流利地提问。有的老师在练习时间表达法时，指着显示不同时间的钟表图片逐个问班上的学生：现在几点？这个练习形式不错，但更好的方法是第一、第二个问题由老师问，给学生做出示范，后面的问题让学生轮流问答或互相提问。这样学生既会说"现在8点半"，也会问"现在几点？"。再比如，练习用"好吗？"提问时，老师要故意设计或要求学生用"……，好吗？"提出一些不合理的请求，以便让听话人在回答以"好吗？"提出的请求时，除了"好啊""可以"这样表示接受的话，还有机会练习拒绝的表达方式，如"对不起，我有事"。

2. 练习难易度要适宜

除了练习方法得当以外，练习的难易度也要适宜。练习的内容太容易了，学生会觉得缺乏挑战性而感到乏味；太难了，学生想半天也答不出来，一来可能会挫伤学生的学习积极性，二来老师需要花较多时间进行说明，说明不好的话还可能使学生越听越糊涂，甚至问题越扯越多，拔出萝卜带起泥，影响课堂教学效果和教学任务的顺利完成。在教学中，许多老师都有这样的经验，有时候课上得很顺，有时候一些意想不到的问题却会导致教学节奏被打乱或教学效果不佳，这固然与每课的教学内容和教学难点有关，但这与老师在备课时准备是否充分以及课堂的应变能力也有密切关系。要想在课堂上尽量少出状况，教师就要在备课时多加用心。就练习题目的设计而言，我们建议，不管是用问答法还是完句法，抑或是情景法，甚至游戏法，老师准备课上让学生完成的练习，老师本人一定要事先做一遍，做的时候要站在学生的角度，看看凭借学生的词汇量和语法水平，能否在没有老师帮助或提示的情况下完成。前面我们已经提到过，例句中不能有学生没学过的生词，同样，练习的问题中也不能出现学生不知道的词，而且还要注意，学生完成练习时也无需用到没学过的词或结构，后者比较容易被老师忽视。比如，设计用指定词语完成句子的练习时，有的老师注意到了给学生展示的句子中不能出现生词，但对学生是否能凭借自己现有的语言水平顺利完成这个句子缺乏考虑，这就可能导致学生虽然懂了上半句的意思，但因为词汇量或语法知识不足接不出来下半句的情形。如有的老师让学生用"被"完成句子：

昨天足球比赛的时候，＿＿＿＿＿＿＿＿＿＿＿＿＿＿＿＿。（被）

这句话的前半句是老师给的，生词也都是学生学过的，但是学生却一时说不出来，有的学生马上开始查词典。这是为什么呢？我们知道，在比赛场上最可能出现的适合用"被"描述的情况有"他被人推倒了""他被撞伤了""他被裁判员罚下场了"等。但是这几句话中的"推倒""撞伤""裁判员""罚""下场"这些词学生都没学过，不是学生不知道后边该接什么内容，而是"有口难言"。再比如，老师让学生看图片，用"着"说一句话，图片上显示的是抽屉里放着很多东西，但是"抽屉"这个词学生恰恰没学过，所以只好先问："老师，那个东西叫什么？"虽然回答这个问题不需要太长时间，但是为了使练习过程顺利，不如把"抽屉里放着很多东西"的图片换成"桌子上放着很多东西"的图片，学生还可以顺便巩固一下"桌子"这个生词。

（二）练习方式的选择

1. 练习方法要适宜

我们知道，不同语言点的操练方式不尽相同，有的语言点的操练方法不止一种，有的则适合用综合的方法来进行练习。这就需要老师综合考虑最适合每个语言点的练习方式。比如，表示动作进行的句子较适合用图片或动作等直观的方式练习，老师让某个学生到讲台前来按照老师的指令做一个动作，然后让左边的一组同学问：他在做什么呢？右边一组的同学回答：他在……呢。这样的练习方式比较生动。而复句练习较适合用完成句子的方式，如"虽然汉语很难，＿＿＿＿＿＿＿＿。（但是）"。

此外，采用何种练习方式除了要考虑语言点的特点之外，还要考虑学习者的特点和教学条件。比如，对儿童的教学较适合在多种形式的活动和游戏中进行，对成人的教学则适合在一定量机械练习的基础上进行活用练习。另外，我们常将学生单独说话称为"独唱"，将大家一起说称为"合唱"，如果班上学生人数少，那么"独唱"就可以多一些，如果学生人数多，就需要多设计一些"合唱"练习。比如有的句子让某几个学生说，其他学生听后复述一遍。采用问答法练习"从……到……"这一句式时，如果班上学生少，可以让每位学生用"从……

到……远/近"来介绍两个地方的距离。但是如果班上学生多,老师可以先问某位学生"从你家到学校远不远?",待该学生回答完后,再问大家"从××同学的家到学校远不远?",大家根据刚才那位同学的回答集体回答老师的问题,这样的练习过程既能促使大家注意听别的同学说的话,又能保证每个人的开口率。另外,在同一时间段内让学生们分组练习也是充分利用课堂教学时间,提高学生开口率的方式之一。总之,练习的方式要因人而异,因地而异,如果以"道"和"术"来说明语法教学的话,精讲多练是宗旨,是"道",练习的方式则是"术","术"可千变万化,但万变不离其宗,用一个字概括,那就是:练。

2. 注意启发和引导,避免"包办代替"

在练习的过程中,有时候会遇到学生一时说不出来的情况,这时候,老师要注意启发和引导,比如明确语境,或给出一两个关键词,使学生在老师的提示下完成练习。像上面举的完成句子的练习"虽然汉语很难,_____。(但是)",如果学生一时想不起来后面该接什么话,老师应该先等一下。如果发现学生确实想不出来,可以这样提示一下:"喜欢学还是不喜欢学?"或者"有意思吗?"。学生听到老师的提示,基本上能说出"但是我很喜欢学习汉语"或者"但是学汉语很有意思",也有可能根据这样的线索提示,想出其他的句子。在教学中我们发现,有的老师一遇到学生"卡壳"的情况,就马上把正确的答案直接说出来或者让别的学生说,不给学生思考的时间,这样做一来无法达到让学生练习的目的,二来还可能伤害学生的自尊心和自信心。

第 ② 节　　语法教学失误案例点评

案例 1

语言点:助词"着"的用法。

语言点导入:

师：（用一张下雨的图片）

你们看，外边天气怎么样？

生：天气不好。/下雨了。/正在下雨。

师：用"着"怎么说呢？

说出例句并板书：外边下着雨。

生：老师，"外边下着雨"跟"外边正在下雨"一样吗？

师：不一样。（开始进行两句的比较）

点评：这位老师用图片导入的方式是可取的，但是选取的例句却不是使用"着"表示持续状态的典型句，反而使学生将其与表示动作进行的"正在"句混淆了。"正在"重在表示动作正在进行，而"着"侧重描述静止的状态。由于图片上"下雨"既是正在进行的事情，也是一种天气状态，所以既可以说"外边正在下雨"，也可以说"外边下着雨"，更常见的说法是在"外边下着雨"这句话的句尾加上表示动作进行的"呢"——"外边下着雨呢"。该句同时强调"进行"和"状态"。而"外边下着雨"这句话实际上较少单独使用，通常是用作叙述事件时的背景描述，常有后续句，如"外边下着雨，他急着找孩子，连雨伞都没带就跑出去了"。在教学中，为了区分这两种句子的语义差别，对比也是很好的方法。但这种对比最好用区别性更强的语境引出，如老师先做"开门"的动作，问学生"老师正在做什么呢？"，然后让门保持开启的状态，引出例句"门开着"。让学生更直观地体会到"正在"与"着"的不同。而用一幅下雨的图片来区分"正在下雨"和"下着雨"的区别显然难度较大。如果老师之前没想做这两个句子的对比，甚至对二者的差异自己也不是很明确，这样的导入方式极易使老师因为一时无法准确回答学生提出的问题而陷入被动。因此在设计导入的方式时需要考虑例句出现的语境是否典型，某个场面与情景是否可用学生学过的其他句子表述，如果可以，二者的区别点在哪里。

具体到上文提到的助词"着"的例句，与"外边下着雨"比起来，以下几个例句较为典型：

主语+动词+着：上课的时候，我的手机关着。

主语+动词+着+名词：布朗戴着一副眼镜。

主语+在+场所+动词+着：书在桌子上放着。

方位词组+动词+着+名词：墙上挂着一张世界地图。

主语+动词$_1$+着+动词$_2$+（名词）：我们在公园里坐着聊天。

案例 2

语言点：表示强调的"是……的"句。

语言点导入：

师：（用 PPT 展示教室里两个学生的对话）

  A：下课了，我们可以回去了。

  B：好。

（问班上的学生）

他们是什么时候回去的？

生：他们是下课了回去的。

师：应该说"他们是下课以后回去的"。

板书例句 1：他们是下课以后回去的。

师：上星期你们去大同了，对吗？

生：对。

师：你们是怎么去的？

生：坐火车。

师：用"是……的"怎么说？

（带着学生一起说）我们是坐火车去的。

板书例句 2：我们是坐火车去的。

点评：例句 1 是通过两个人的对话引入的，这个方法很好，但是对话的内容没有设计好。本课的"是……的"结构是用来强调已经发生的事情的某个方面的情况的，如时间、地点、方式、目的等。用于已然事件是该句式的重要特征。但是对话内容"下课了，我们可以回去了"所显示的"回去"的行为却有可能是尚未发生的。而例句 2 以班上同学"去大同"的事情为切入点，大家都知道这件事已经发生了，这是一个很明确的语境，也是"是……的"句使用的典型语境，所以比较起来，例句 2 的引入情景设计要比例句 1 到位。

案例 3

语言点：情态补语。

语言点导入：

师：（做打太极拳的动作）老师刚才做什么了？

生：老师打太极拳了。

师：老师打得好不好？

生：好。

板书：打太极拳　　　好

师：（做出很快地走路的样子）老师走得快不快？

生：快。

板书：走　　　　　快

师：（给学生看一幅画得不太好的画儿）这幅画儿画得好看吗？

生：不太好看。

板书：画画儿　　　不太好看

师：（利用上面的板书，让学生跟老师说）

　　老师打太极拳打得很好。

　　老师走得很快。

　　这幅画儿画得不太好看。

语言点说明：我们刚才说的句子里都有一个词"得"（边说边板书"得"），这是我们今天要学习的语法。

点评：这个语法点的导入用的是形象法，通过做动作或展示图片让学生进行评价，这是情态补语句很典型的语用功能。这一点做得不错。但是所举的三个例子中，第一和第三例中的动词带宾语，第二例中的动词不带宾语。我们知道，在带情态补语时如果既带宾语又带补语，需要重复动词或将宾语前置，句子结构比不带宾语的句子要复杂一些，是学生的学习难点。本着由浅入深，由易到难的教学原则，教这个语言点时，建议分两步走，先教不带宾语的句子，让学生了解句子的基本意义和结构，然后重点说明动词带宾语时宾语的位置。而在上面的教学案例中，老师在语言点导入部分，将带宾语与不带宾语的句子混在一起，而且是两个带宾语的句子中间夹着一个不带宾语的，例句展示顺序比较随意，教学设计缺乏层次性。

案例4

语言点：比较句。

语言点导入：

师：大家看看我的鞋，你们猜猜多少钱？

生：120块、200块、250块……

师：不对，是150块。

再看看我的衣服，你们猜猜多少钱？

生：200块。

师：不对，再猜猜。

生：300块。

师：也不对，是100块。

现在你们说说衣服贵还是鞋贵？

生：鞋贵。

师：用"比"怎么说呢？

引导学生说出"鞋比衣服贵"。

点评：通过鞋与衣服的价格对比引出"比较句"，导入方式比较自然，语境也比较典型。但是导入过程不够简洁。前后几个回合让学生猜衣服的价钱，花费了较多时间。如果是为了教钱数表达法，这样做是可以的，但用来导入"比较句"，则显得太"绕"了。前文已经说过，语言点导入过程应该尽量简明扼要，突出重点信息。就该案例来说，老师可以直接告诉学生鞋和衣服的价钱或者用图片展示鞋和衣服的价钱，然后问学生：衣服贵还是鞋贵？由此导出例句：鞋比衣服贵。

案例5

语言点：复句"虽然……，但是……"。

语言点导入与说明：

师：今天我们要学的是"虽然……，但是……"。我先来介绍一下它的用法。这是一个表示转折关系的复句，比如我们都喜欢旅行，但是有时候旅行太累，我们不喜欢太累，就可以说"虽然我很喜欢旅行，但是不喜欢太累"。在这个句子里，"我很喜欢旅行"与"不喜欢太累"就形成了转折关系。

点评：前文已经说过，不是所有的语言点都需要进行定义式说明，有些句子的意思学生根据相关词语的意思并结合语境即可体会到，不必再做过多说明。像这个案例中的"虽然……，但是……"，学生可以通过"虽然""但是"的译词了解它们之间的语义关系，老师只要给出相应的例句，学生就很容易理解了。像"这是一个表示转折关系的复句""……与……就形成了转折关系"的说法，一是比较多余，二是这种"词典式"的表述方式，如果用的是汉语，"转折关系""复句""形成"等词学生未必听得懂，即使用学生的母语，也属于把简单问题复杂化了。

案例 6

语言点：趋向补语。

语言点说明：

师：（先坐在座位上，然后站起来）

　　你们看，老师刚才坐着，现在站起来了。

　　板书：站起来

师："站"是动作，"起来"表示方向。

　　补充板书：V＋起来

师："起来"用在动词后边可以表示很多意思。比如：

　　板书：想起来

　　说明："想起来"的意思是以前忘了，想了以后知道了。比如"我想起来了他的名字"。

　　板书：说起来　做起来

　　说明："说起来""做起来"表示说的时候，做的时候。比如"说起来容易，做起来难"。

　　板书：看起来

　　说明："看起来"的意思是看到以后觉得怎么样。比如"他看起来很不舒服"。

　　板书：暖和起来

　　说明："暖和起来"的意思是开始暖和了。

　　板书：存起来

　　说明："把钱或者东西存起来"的意思是把钱或者东西放在某一个地方。

　　点评：这位老师以"站起来"这个动作表现"起来"的方向性，这个设计比较好。这个教学案例存在的问题是老师只举了一个"起来"表示方向的例子，即开始介绍"V＋起来"的引申用法。据了解，在老师列举的用法中，"看起来"和"暖和起来"是学生学过的，其他用法学生没学过。在教授新的语法点时，对已经学过的相关的语言点进行复习或者以旧带新都是值得推荐的好方法，但是同时带出一些没有学过的语言点则需要慎重，特别是在基础阶段，学生的语言水平有限，一下子教那么多东西学生很难消化，甚至可能导致混乱。"V+起来"的用法比较复杂，一般的教材中都是分开介绍的，就是考虑到放在一起难点过于集中。我们在教学中也是一样，教什么，教多少，要把握好一个度，既不要使学生"吃不饱"，也不要令其"消化不良"。上面对"V+起来"的用法的归纳适合在学生将上述语言点都学完后复习总结时使用。

案例 7

语言点：既然……就……。

展示例句：

例1：既然上课了，就要说汉语。

例2：既然认识了，我们就是朋友了。

点评：连词"既然"用于前一小句，"提出已成为现实的或已肯定的前提，后一小句根据这个前提推出结论，常用'就、也、还'呼应"。上边两个例句存在的问题是，前后小句之间的关联度不是很高，例句1的"上课了"与"说汉语"之间并不存在必然联系。虽然这是在汉语课上出的例句，但是我们认为，例句还是要更具典型性和普适性为好，比如可以改为"既然想学好汉语，就要多听多说"。例句2的"认识了"与"是朋友了"在一般人看来是不合情理的，因为在社会交往中，"认识"的确是成为朋友的前提，但未必会"成为朋友"，换句话说，我们不能从"认识"即做出"成为朋友"的推论。由于前句与后句之间的联系并不切合"既然"的语用要求，因此显得不合常理。但是这句话在中国人的人际交往中确实存在，其使用前提是说话人有拉近与听话人之间关系的意图，而且有中国人"一回生，两回熟，三回就是好朋友"的文化背景支撑。尽管我们鼓励在语言教学中渗入文化因素，但是作为例句，首要的还是易懂，如果教师为了让学生理解例句内容，要花大量时间阐述复杂的文化因素，很容易转移学生的注意力，有喧宾夺主之嫌。鉴于此，作为例句，我们认为，"既然认识了，我们就是朋友了"不如"既然认识了，以后就常联系吧"合适。

案例 8

语言点：事情正在进行的表达。

操练过程：

老师：现在我们练习一下，请看图片。

（图片上显示一个人正在跑步）

他正在做什么？

学生：他正在跑步。

老师：（第二张图片，显示一个人正在睡觉）

他正在做什么？

学生：他正在睡觉。

之后老师又出示了几张图片，问"……正在做什么？"，学生回答。

点评：前面我们提到，如果用问答式操练语言点的话，要注意不能一直是老师问，学生答，上面的案例中，老师问一两个问题给学生做出示范后即可让学生根据图片进行问答，可以指定两位同学问答，也可以把全班学生分成两组，甲组问乙组答，下一张图片，乙组问甲组答。总之给学生多创造说话的机会，只要学生能做的，老师就不必"代劳"。

案例9

语言点："把"字句。

语言点操练：

老师在导入部分展示了"把"字句的常用句式和例句：

主语＋把＋名词＋动词＋在＋地方

老师　把　书　放　在　桌子上。

老师：现在我们练习一下。你们看，老师做什么？（走到门口打开门）

学生：老师开门。

老师：用"把"怎么说？

学生：老师把门开在教室。

老师：不对，应该说"老师把门打开了"。

点评："老师把门开在教室"是个错句，造成这一问题的原因在于老师举的例子是表示使人或物发生位移的"把"字句，但让学生操练时选择的却不是表达同样语义的句子，讲、练出现了脱节，学生模仿老师展示的结构照葫芦画瓢造出上面的句子。此外，学生会这样说，也反映出老师对表示使位移的"把"字句的语义特征的说明不够到位。因为"把"字句表示的是通过动作使宾语从原先的位置转移到某处。"老师把书放在桌子上"，表示的意思是老师通过"放"这个动作使"书"从别的地方到了桌子上。而不能说"老师把门开在教室"是因为老师实施了"开"这个动作,但是"门"本身并没有改变位置,只是改变了闭合的状态,因此只能说"把门打开了"。

有些语言点包含多个常用句式,为了便于学生掌握,我们会按照由易到难、由简单到复杂的顺序分开讲练,比如,在"把"字句教学中,为了分散难点,我们通常先教"主语+把+名词+动词+在/到+地方"句,在另一次课上再教"主语+把+名词+动词+其他成分"句,练的内容要与讲的内容一致。再如比较句,我们通常会先讲练"A比B+……",如"我比他大",下一步再讲练"A比B+……+数量词",如"我比他大两岁"。练习时一定注意讲练统一,不能教的是"我比他大",练习时提的问题却是"你比他大几岁?",除非是想通过这个句子引出下一个句式。

案例10

语言点:表示强调的"是……的"句。

语言点操练(问答练习):

问题1:

老师:××同学,你跟你的爱人是在哪儿认识的?

学生:我们是在大学认识的。

老师:你们是怎么认识的?

学生:(回忆)

我们……,我们见面……(内容不清楚,表达不连贯)

问题2:

老师:你们的签证是谁给你们的?

学生:是——(开始查词典)

我们的签证是大使馆给我们的。

点评:上面两个问题都是使用"是……的"句的典型语境,而且是与学生的生活密切相关的,第一个问题更容易引起大家的兴趣,所以老师选择这两个问题的出发点是很好的,但是问题1中的第二问"你们是怎么认识的"很难回答,学生很想把认识的过程详细介绍出来,但苦于词汇量和表达能力有限,本来是一个很有趣的问题,但并没有收到预期的效果。像这样需要较长时间思考和进行语言组织的话题尽量不要在课堂上要求学生即时回答,可以作为本课作业留给学生:介绍一下你和你的爱人/女朋友/朋友是怎么认识的。学生可以在课下准备,下一次做口头报告。问题2"你们的签证是谁给的?",这个问题并不难,但是老师忽视了一个问题,就是答案中必须用到的一个词——"大使馆"——学生没有学过。导致学生回答这个问题时得先查词典。前文已经提到,老师备课时不仅要准备问题,还要准备答案,看看以学生的水平能否答得出来。如果需要补充哪些生词,要事先教给学生,以免问题提出来了才发现必须用到的词学生不知道。另外,像完成句子这样可能有多种答案的问题,老师最好多准备些备用答案,以便上课时在学生答不出来的情况下及时提示和引导,尽量避免出现学生答不出来,老师也一时想不出来的尴尬局面。

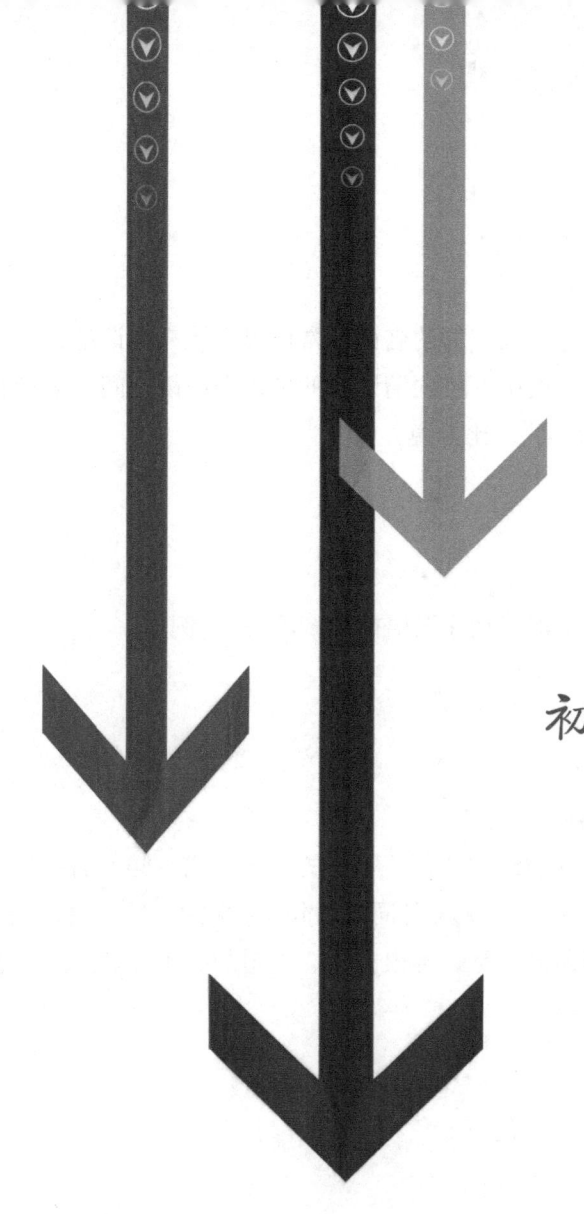

初级阶段常见语法
偏误分析

第5章

一、名词谓语句

误例：*王朋是22岁，李友是21岁。

正例：王朋22岁，李友21岁。

说明：表示年龄、日期、节令、天气等的名词常常可以直接充当谓语，与主语一起构成名词谓语句。在实际口语中，名词谓语句的主语和谓语之间一般没有"是"字，基本格式为"名词+名词"。比如说：

今天16号。

明天教师节。

上午还晴天呢，现在又阴天了。

相关提示：名词谓语句的否定形式是在谓语前加"不是"。例如：

A：今天周三吗？

B：今天不是周三。

A：这件衣服一百块钱吗？

B：这件衣服不是一百块钱。

名词谓语句的否定形式与动词谓语句"是"字句的否定形式一样，而且只在否定、反驳对方的话时使用。因此有人认为名词谓语句是省略了"是"的"是"字句。但是在实际口语中，名词谓语句是一种很自然、地道的句子，表达这种意思时，以不用"是"为多。试比较：

她上海人。

她是上海人。

一年三百六十五天。

一年是三百六十五天。

二、程度副词

误例：*李友小时候非常很可爱了。

正例：李友小时候非常可爱。/李友小时候很可爱。

说明："很"与"非常"都是程度副词，程度副词修饰形容词表示程度的高或低，但它们不能重复使用。比如说：

他的衣服很干净。

我很喜欢这个工作。

这几本小说非常好看。

另外,形容词后边的"了"不表示过去的状态,而是表示状态的变化和新状态的实现,比如"他的脸一下子红了"的意思是他的脸刚才不红,现在是红的,"了"表示变化。下面的句子都不能用"了":

我们昨天玩儿得很高兴(*了)。

昨天还很暖和(*了),今天一下子就冷了。

刚才他还高高兴兴的(*了),现在怎么生气了?

相关提示:简单的谓语形容词前常用副词"很"修饰。但这里的"很"表示程度的意义已经不明显了,主要是为了音节整齐。如果单独用形容词做谓语,就带有比较的意思,一般用在对比的句子中。比如说:

我们公司男职员多,女职员少。

这一课容易,上一课难。

我的苹果大,他的苹果小。

除了"很""非常"以外,"特别""十分""极了""太……了""挺……(的)"等副词和搭配都可以修饰形容词,表示程度。其中"极了"应该放在形容词后边,"太……了"结构中形容词应该放在中间。比如说:

我今天特别高兴。

他说汉语说得好极了。

今天的比赛太没意思了。

形容词的重叠式也可以表达形容词的程度,比如:"漂漂亮亮"的意思就是"很漂亮","干干净净"的意思就是"很干净"。所以形容词重叠式不能再加上表达程度的词语。如下面的句子:

她今天穿得漂漂亮亮的。

你的房间干干净净的。

老人慢慢地走开。

三、形容词做定语

误例:*纽约有多的公园。

正例:纽约有很多的公园。

说明:一般的形容词可以直接或者加"的"做定语。比如:

他是个好人。

你女儿真是个漂亮姑娘。

你帮我预定一个大房间。

不过形容词"多"和"少"与一般形容词不同，必须在它们的前面加上程度副词"很"或者是否定副词"不"，比如说：

他有很多钱。

我有不少兄弟姐妹。

我每天练习写很多汉字。

相关提示："多"和"少"修饰动词做状语，即"多＋V＋（数量词）"和"少＋V＋（数量词）"，常用来劝说别人或者给别人提建议。比如说：

你的眼睛不好，要少看点儿电视。

感冒了多喝水对身体好。

在工作中我们应该少说话，多做事。

需要注意的是"多"在做状语时一般不和"很"搭配，而同样做状语的"少"则可以和"很"搭配。比如说：

我们很少见面。

他很少生病。

我很少去电影院看电影。

以下说法都是不正确的：

*我们很多见面。

*他很多生病。

*我很多去电影院看电影。

这些句子可以改用"经常""常常"来表达：

我们经常见面。

他经常生病。

我常常去电影院看电影。

四、时间状语

误例：*我每天吃早饭在7：30。

正例：我每天7：30吃早饭。

说明："7：30"是时间词，时间词做状语，表达做一件事的时间时，一般不用"在"。而且汉语中的时间状语一般不放在句子的末尾，多放在句首或主语之后、谓语之前，位置比较灵活。比较：

我上周五去看电影了。
上周五我去看电影了。
你今晚8点来找我吧。
今晚8点你来找我吧。

相关提示：同样的道理，地点状语一般也要放在谓语动词的前面，不能置于句末。不过地点状语一般都和介词"在"搭配，表示动作发生的处所。比如说这些句子就不对：

＊他工作在一所大学。
＊爷爷每天散步在公园。
＊明天我们见面在机场。

因为以上错误的说法不符合事件或动作发生的正常顺序。只有先进了大学，才能在大学工作；只有先去了公园，才能在公园散步；只有先到了机场，才能在机场见面。我们可以改成：

他在一所大学工作。
爷爷每天在公园散步。
明天我们在机场见面。

还需要注意的是，"在"可以用在有些动词之后，表示动作的终点。这样的动词有"站""坐""躺""睡""住""走""放""摆""挂""贴""装""盖""存"等，这时表示的是动作结束后主语所处的位置。比如说：

他站在门口不动。
洗完澡后我就躺在床上不想动。
妈妈把钱存在银行里。

五、集合名词与定语标记"的"

误例：＊我想请你去我的国家玩儿。
正例：我想请你去我们国家玩儿。
说明：当表述"代词+跟自己有关系的集体"时，经常不加"的"，同时，因为后面的名词是集体性质的，所以代词常常是复数形式。例如：

她准备考我们学校。
下班之后来我们公司楼下吧。

相关提示：除了"代词+跟自己有关系的集体"中间不加"的"之外，"代词+跟自己有关系的人"中间也不加"的"。比如通常我们说"我爸爸""她爷爷""你哥哥""我们同学"，而很少说"我的爸爸""她的爷爷""你的哥哥""我们的同学"。

以上情况均是前一个词为代词的情况，如果前一个词是名词，比如人名，则"的"必须出现。例如"小李的哥哥""王芳的老师"等，如果没有加"的"，意思就发生了变化："小李哥哥"中，"小李"和"哥哥"指的是一个人，"哥哥"是"小李"的称谓；同样，"王芳老师"中，"王芳"是"老师"的名字。这时，前后两个词语之间是复指关系，而不是领属关系。

六、动词重叠

误例1：*请你帮我想这个问题。
正例1：请你帮我想想这个问题。
误例2：*我尝尝了这种水果，味道很奇怪。
正例2：我尝了尝这种水果，味道很奇怪。
说明：当用于尚未发生的动作，尤其在请求或建议别人做某事的时候，可以用动词重叠的形式来缓和语气以显得礼貌。例如：
麻烦您帮我看看这篇文章。
我想借你的自行车用用，行吗？
我的书不见了，你帮我找找吧。
当用于已经做过的动作时，不能在重叠动词之后加"了"，而要在重叠动词的中间加"了"，例如：
他想了想，最后还是决定跟我们一起去。
她看了看窗外，发现一个人也没有。
门外有人说话，他听了听，发现是小李。
相关提示：用于未然动作时，动词重叠可以缓和语气，是因为它可以表示"少量"的语法意义，说话人用动词重叠形式来表示自己的请求、命令等时，表示事情不费时费力，似乎不难做到，从而使对方容易接受，在语音上，重叠的动词读轻声。

用于已然动作时，在重叠的动词之间加"了"，所表示的动作持续的时间一定很短。比如：

她点了点头，什么也没说。

若动作须经历一个过程才能完成，则不能用动词重叠式，比如下列句子是不对的：

＊我们昨晚看了看一场电影。

＊老师今天在课上给我们讲了讲几个笑话。

＊我们昨天听了听他的演讲。

我们应该这样说：

我们昨晚看了一场电影。

老师今天在课上给我们讲了几个笑话。

我们昨天听了他的演讲。

七、动词重叠和"动词＋'一下'"

误例：＊请你看看一下这本汉语书。

正例：请你看看这本汉语书。／请你看一下这本汉语书。

说明：在要求或建议别人做某事时，动词重叠和"V＋一下"都能够起到缓和语气的作用。但由于两种方式都是表示"量小"的含义，因此，使用时只能选择其中一个，不能同时使用，以免重复。例如：

我的手表不见了，你帮我找找。

我的手表不见了，你帮我找一下。

这本书很有意思，有时间你看看。

这本书很有意思，有时间你看一下。

房间太脏了，你应该打扫打扫。

房间太脏了，你应该打扫一下。

相关提示：单音节动词的重叠形式中间还可以加上"一"，形成"A一A"结构。例如：

看（一）看　　听（一）听　　说（一）说

洗（一）洗　　想（一）想　　读（一）读

双音节动词的重叠形式是ABAB，例如：

打扫打扫　休息休息　学习学习　介绍介绍　研究研究　考虑考虑

需要注意的是，双音节动词不能用中间加"一"的方式进行重叠，例如以下的表达方式是不对的：

*学习一学习　　　*讨论一讨论　　　*安排一安排　　　*修理一修理

正确的句子如：

这是常有的事，休息休息就会好的。

来，我给你介绍介绍，这是我们公司的李先生。

人家小朋学习好，你多向人家学习学习。

八、名词性"的"字结构

误例1：*这瓶水是朋友给我。

正例1：这瓶水是朋友给我的。

误例2：*这两种苹果，红是很酸，绿是很甜。

正例2：这两种苹果，红的很酸，绿的很甜。

说明：第一个句子中的动词性短语"朋友给我"应该加上"的"，改成"朋友给我的"，使这个结构变成一个名词性短语充当宾语。第二个句子中的"红""绿"，应该换成"红的""绿的"，变成名词性成分充当宾语。许多句子中的主语或宾语都是由"的"字短语构成的。比如说：

那个穿红裙子的是我妹妹。

这里的花儿有红色的，还有白色的，都很漂亮。

这件礼物是妈妈买的。

相关提示：汉语里很多词加上"的"可以构成名词性的"的"字短语，在句子里可以做主语或者宾语。可以是"名词+的"，"代词+的"，"形容词+的"或"动词+的"。比如说：

我有很多朋友，有美国的，也有韩国的。

这个杯子是他的。

照片上的两个人，高的是我哥哥，矮的是我弟弟。

旁边站着的是他的妈妈。

在表示性别的时候，我们也常常用"的"字短语来表示。"男"和"女"不能当主语和宾语，但是加"的"以后变成名词性的短语就可以了。比如说：

男的穿裤子，女的穿裙子。

他们家男的都不干活，只有女的做家务。

现在的很多年轻人都看不出来是男的还是女的。

九、疑问句、否定句中的数量短语

误例：*你有一个女朋友吗？我没有一个女朋友。

正例：你有女朋友吗？我没有女朋友。

说明：一般情况下，汉语的疑问句和否定句中的名词前不需要用数量词进行限定。比如说：

你有妹妹吗？

我有妹妹，我有三个妹妹呢。

我没有妹妹。

再如：

你有铅笔吗？

有，我有两支。

我没有。

相关提示："一＋量词＋名词"这个结构，如果处于动词之后时，其中的"一"可以省略，但句中的量词不可省。比如说：

前边有个学校。

我有个事儿想告诉你。

今天我去商场买了条裤子。

不过在北京口语中，也可以省略量词，而保留"一"。比如上面的句子也可以说：

前边有一学校。

我有一事儿想告诉你。

今天我去商场买了一裤子。

十、一般量词

误例：*他买了一双裤子。

正例：他买了一条裤子。

说明:"裤子"的量词应该是"条",而不是"双"。

英语中有一些表示单位的词,应该注意的是,这些词跟汉语不是完全对应的。比如"a pair of",汉语中有几种翻译方法:

a pair of trousers:一条裤子　　a pair of scissors:一把剪子
a pair of gloves:一副手套　　　a pair of glasses:一副眼镜

再如"a piece of":

a piece of chalk:一支粉笔　　a piece of cake:一块蛋糕
a piece of paper:一张纸　　　a piece of music:一首歌儿
a piece of furniture:一件家具　a piece of advice:一条建议

相关提示:汉语中的名词常常要用量词,名词不同量词也会不一样。常用的量词有以下这些:

一个　朋友、杯子、苹果、学生、房间
一只　鸡、狗、鸟、猫、兔子、北京烤鸭
一家　商店、书店、银行、医院、电影院、超市、公司
一块　蛋糕、糖、巧克力、面包、橡皮、黑板、点心
一辆　自行车、汽车、出租车、公共汽车、摩托车
一瓶　啤酒、可乐、雪碧、牛奶、冰红茶、矿泉水
一张　纸、照片、飞机票、电影票、桌子、床、地图
一件　衣服、衬衣、毛衣、T恤衫、事儿、礼物、包裹
一台　空调、电视、洗衣机、电脑、录音机、冰箱
一支　笔、钢笔、铅笔、圆珠笔、毛笔、歌儿
一斤　西红柿、苹果、香蕉、青菜、牛肉
一条　路、鱼、河、蛇、意见、建议
一杯　水、牛奶、啤酒、可乐
一把　伞、刀、椅子、扇子
一碗　米饭、面条、汤
一本　书、词典

十一、时间名词与量词

误例:*那个天是圣诞节,我和朋友们一起出去玩儿。

正例：那天是圣诞节，我和朋友们一起出去玩儿。

说明："天"这个时间名词的前面不能出现量词，"那个天"的表述是错误的，应该用"那天"。再比如说：

我想休息三天。

哥哥已经两天没有回家了。

我们开会开了十天。

相关提示：汉语表示时间单位的名词，有的前边可以用量词"个"，有的不能用。其中"秒""分钟""周""年""天"的前面不能用量词"个"。比如说：

咱们先下课休息五分钟。

寒假一共有六周。

我来北京已经十年了。

"星期"和"小时"前可以用"个"，也可以不用。比较：

两个星期以前我开始在这个公司工作。

两星期以前我开始在这个公司工作。

从北京去天津开车要两个小时。

从北京去天津开车要两小时。

"月"的前边一定要用"个"。比如说：

我来这个公司工作三个月了。

两个月以后我们就要放假了。

哥哥三个月没有回家了。

十二、范围副词"都"

误例：*都同学们去图书馆学习汉语。

正例：同学们都去图书馆学习汉语。

说明：副词"都"应该放在主语之后，谓语动词或形容词之前。比如说：

他们都是北京语言大学的学生。

球员们都想参加世界杯比赛。

姑娘们都很漂亮，小伙子都很精神。

在问句中，"都"一般放在疑问代词的前面。比如说：

你都去过哪儿？

老王刚才都说了些什么？

你在公司都见到了谁？

相关提示：跟"都"一样，"也"作为副词，也必须放在主语之后，谓语动词或形容词之前。比如下面的句子就不对：

*他是老师，也我是老师。

应该改成：

他是老师，我也是老师。

"也""都"有时可以在同一个句子中出现，这时候"也"必须放在"都"的前面。比如说：

他喜欢足球，我们也都喜欢足球。

他身体很好，我们身体也都很好。

他是北京语言大学的学生，我们也都是北京语言大学的学生。

十三、连词"和"

误例1：*齐文红吃鱼肉，和李友吃饺子。

正例1：齐文红吃鱼肉，李友吃饺子。

误例2：*那儿的女人很漂亮和很有意思。

正例2：那儿的女人很漂亮，也很有意思。

说明："和"只能连接名词性的词语，不能连接句子。比如：

我和他一起去学校。

老师和我们一起去旅游。

这件衣服和我的很像。

相关提示："和"经常连接名词或名词性短语以及代词。有时"和"也可以连接形容词或动词，这时它们充当句子的主语、宾语、定语。比如：

他的聪明和勤奋使他的学习成绩一直很好。

我为那些不能上学的孩子感到伤心和难过。

老师应该重点培养学生的阅读和写作能力。

两个动词之间不需要特别的连词进行连接。如果两个动作同时进行，可以用"一边……一边……"句式。比如：

我每天晚上都很忙，记生词，念课文，写汉字。

老师让我们每天都要复习、预习。

我喜欢一边吃饭，一边看电视。

如果连接两个形容词性成分，可以用"又……又……"或者"……，也很……"句式。如果两个形容词的意思一个是好的，一个是不好的，可以用"可是"连接。比如：

他长得又高又帅。

你的汉语说得很流利，也很标准。

北京语言大学很小，可是很精致。

如果连接句子，可以用"也"。比如说：

我很喜欢学习，也很喜欢旅游。

他们昨天去了故宫，也去了颐和园。

老师讲课很有趣，也很吸引人。

十四、存现句

误例：*我们教室墙上贴两张地图。

正例：我们教室墙上贴着两张地图。

说明：这个句子想要使用的结构应该是"N$_{地方}$ + V 着 + N$_{东西}$"，所以"贴"不能单独使用，后面必须加"着""满""了"等动态助词，表示一种静止的存在状态。比如说：

我们家客厅的墙上挂着一幅画儿。

床上躺着一个病人。

门口坐着许多老人。

相关提示：这种表示人或事物存在、出现的句子叫存现句。这种句子的动词后不仅可以带"着"，也可以带其他动态助词如"满""了"等。比如说：

桌子上摆满了饭菜。

碗里盛满了米饭。

书架上放了很多书。

还有一种存现句用"N$_{地方}$ + 有 + N$_{东西}$"这种结构来表达，也是表示一种静止的状态。比如说：

桌子上有一支钢笔。

花园里有一只猫。

教室里有很多桌子和椅子。

十五、表示变化的"了"

误例：*昨天他病得很厉害，不过今天他身体好。

正例：昨天他病得很厉害，不过今天他身体好了。

说明：形容词后面的"了"，表示一种变化已经完成，出现了新的情况。下面的句子都表示"变化已经完成"的意义，应该在形容词的后面加上"了"。比如说：

孩子大了，做父母的也就轻松多了。

人老了，身体也差了。

这地方比以前热闹多了。

相关提示：动词短语后加"了"，也表示一种变化已经完成。比如说：

我买到这本书了，你先拿去用吧。

孩子已经上大学了，你就不用那么累了。

妈妈已经做好饭了。

"要/快/就……了"句式表示将要发生什么事情或者出现某种变化。比如说：

天阴了，要下雨了。

已经五月了，快到夏天了。

他就要来了，你们快想办法呀！

"该……了"句式表示做某件事的时间到了。

8点了，他也该来了。

该我们上了，你们准备好了吗？

你怎么还不起床，都该上课了。

十六、表示完成的"了"

误例：*我去书店买一本书了。

正例：我去书店买了一本书。

说明："了"的位置错了，当句子宾语前边有数量词修饰的时候，"了"应该放在宾语的前边。例如：

他们中午吃了一斤饺子。

我去年去了一次上海。

我上周买了两件衬衣。

相关提示：当宾语没有数量词修饰的时候，"了"应该放在宾语后边。比如说：

昨天我去书店买书了。

我们上星期一起吃饭了。

我跟朋友去公园看花了。

"我去书店买了书"这样的说法虽然也是正确的，但不是完整的，后面肯定还存在另外一个动词短语，表示买书以后做什么。比如说：

我去书店买了书，又去商店买吃的。

我们吃了饭去看电影。

看了花我们又一起划船。

对含有"了"的句子的否定应该用"没（有）"，不能用"不"。另外，"没（有）"的后边不能再用"了"。比如：

我昨天买衣服了。→我昨天没买衣服。

我们上个周末去长城了。→我们上个周末没去长城。

我今天中午吃烤鸭了。→我今天中午没有吃烤鸭。

十七、动量词

误例：*长城我们去了两遍。

正例：长城我们去了两次。

说明：这个句子的量词用错了。和"去"搭配的动量词常见的有"趟""次""回"等。比如说：

昨天我去了一趟公司。

美国我去过两次了。

他去了好几回香山了。

相关提示：量词是表示事物或动作的单位的词，根据修饰对象的不同分为名量词和动量词。汉语的名量词很多，但动量词不太多，常见的有"遍""趟""次""回""顿"等。

"遍"的意思是从头到尾，所以常常跟"看""听""写""唱""说"等一起用。比如说：

请把课文读一遍。

那部电影我都看了三遍了。

这些汉字我写了十遍才记住。

跟"顿"一起用的动词表示的常常是差不多一个小时之内连续进行的动作，比如"吃饭""批评""骂""打"等等，其中除了"吃饭"以外，基本上都是不好的事儿。比如说：

因为考试不及格，妈妈骂了我一顿。

由于没有按时回家，爸爸批评了我一顿。

他骂了我，我就打了他一顿。

动量词常常放在动词的后面表示动作的次数，其中有专用的动量词，如"洗一下""叫一声""睡一觉"等，比如说：

你去把脏衣服洗一下。

你在门外叫一声他就出来了。

我累了，先睡一觉再处理别的事。

汉语也有很多借用名词的动量词，如"打一巴掌""踢一脚""看一眼"等，比如说：

杨妈妈往儿子背上打了一巴掌："少胡说！快吃了饭做作业。"

爸爸非常生气，踢了猫一脚。

只看了一眼他就喜欢上了这个女孩。

十八、否定形式"没"

误例：*我们昨天都一起去吃饭，可是彼得没去了。

正例：我们昨天都一起去吃饭，可是彼得没去。

说明：用"没"对过去的事情进行否定的时候，后面不能用"了"。所以下面的句子是错的：

*我昨天没去打篮球了。

*上星期日我们没看电影了。

*凯丽今天没戴眼镜了，所以看不清黑板上的字。

我们应该说：

我昨天没去打篮球。

上星期日我们没看电影。

凯丽今天没戴眼镜，所以看不清黑板上的字。

相关提示：只有当表示某种情况持续了一段时间时，"没"和"了"才可以同时出现，结构为"S＋（有）时间词语＋没＋VP＋了"。例如：

我们三年没见面了。

他有五年没回家乡了。

小丽好久没吃过这么好吃的饺子了。

十九、否定形式"不"

误例：*以前我没喜欢打网球，现在很喜欢。

正例：以前我不喜欢打网球，现在很喜欢。

说明：有些非动作动词，如"是""像""认识""知道""愿意""喜欢"等，它们的否定式只能用"不"。比如：

我不认识他。

我不愿意去学校。

他不是中国人。

相关提示：汉语的否定词有两个——"不"和"没"。

"不"通常否定现在或者将来的动作。比如：

我明天不来。

今天我不去公园。

我明年暑假不回家。

"没"否定动作行为的发生或完成，通常是否定过去的事。如：

昨天没下雨。

我没去图书馆。

他没来拿书包。

形容词的否定式应该用"不"，表示对性质的否定。比如：

这件衣服不漂亮。

他的字不好看。

他学习不认真。

"不"和"没"的意义不同,"不"否定的是主观意愿,"没"否定的是事实的发生或变化。比如:

我去年暑假没回家,太忙了,不想回去。

他没来考试,他告诉我,他只想学习,不想考试。

我没答应你,也不会答应你这样的要求。

二十、跟……一样 / 差不多

误例:*波士顿跟纽约一样很冷。

正例:波士顿跟纽约一样冷。

说明:"跟……一样(+形容词)"用于比较两个人或事物的异同。如果所比较的两部分都比较长,通常可以省略相同的部分。比如说:

我跟你一样,没去学校。

在这点上我跟你完全不一样。

今年冬天跟去年一样冷。

"跟……一样"句中形容词的前边不用程度副词。比如:

她跟你一样好,喜欢帮助别人。

这件衣服跟那件衣服一样好看。

今天跟昨天一样热。

相关提示:"跟……一样"的否定式中,"不"一般在"一样"的前面,而不是在"跟"的前面。例如下面的句子就是错的:

*中国人喜欢一边吃饭一边喝酒,美国人不跟中国人一样。

我们应该这样说:

中国人喜欢一边吃饭一边喝酒,美国人跟中国人不一样。

再看几个"跟……不一样"的句子:

我跟你不一样,我没去学校。

这件衣服跟那件不一样。

今年冬天跟去年不一样。

"跟……一样"结构可以用作情态补语,有两种格式:"A + 动词 + 得 + 跟 B + 一样 + 形容词"与"A 跟 B + 动词 + 得 + 一样 + 形容词"。例如:

他唱得跟歌星一样好。

他跟歌星唱得一样好。

如果相比较的两部分（人或事物）不是完全一样，但是很接近，可用"跟……差不多（+形容词）"，例如：

他跟你差不多高。

这里的夏天跟北京的差不多。

这件衣服跟那件差不多。

二十一、一边……一边……

误例：*我一边点鱼一边点一盘家常饺子。

正例：我们一边点菜一边讨论昨天看的电影。

说明："点鱼"和"点一盘家常饺子"都是有关点菜的同类性质的动作，而"一边……一边……"连接的两个动作应该是不同性质的。例如：

他一边说，一边吃力地往前走。

一边这么乱想，一边走，不知不觉地他走进了家门。

他们一边走一边低声地说话。

这些句子中前后两个动作都是不一样的：

说—往前走，乱想—走进了家门，走—低声地说话。

相关提示："一边……一边……"前后两个动作是同时发生的，这种情况我们还可以用"一面……一面……"这个结构来表示。

体育老师一面做动作，一面给我们讲解。

她一面穿衣服，一面照镜子。

小李听到这个消息后，高兴得一面走，一面唱。

"一面……一面……"的用法和"一边……一边……"基本相同，但是后者有时可以省略"一"，而前者不能省略。如：

她边吃饭，边看电视。

*她面吃饭，面看电视。

另外，结构"又……又……"常用来连接两个单音节动词或形容词：

她听说张老师要来看她，心里又惊又喜。

昨天晚上他又唱又跳的，高兴极了。

这种饼干又香又脆，非常好吃。

二十二、"比"字句的肯定形式

误例：*今天很冷比昨天。

正例：今天比昨天冷。

说明："比"字句的基本语序是"A＋比＋B＋形容词"，也就是说形容词要放在两个比较项的后面。例如：

哥哥比弟弟胖。

我家比你家远。

这件衣服比那件衣服好看。

相关提示：如果想表示两个比较项的差距很大，不能在形容词前用"很""十分""非常"等程度副词，也不能在形容词后面用"着呢""极了"这样的词。我们可以在形容词后面加上"多了""得多"来表示相差的程度大。例如：

这棵树比那棵树粗得多。

这家超市的东西比那家贵多了。

他爸爸的身体比他妈妈好得多。

为了更精确地表示出两个事物之间的差别，可以在形容词后面加上具体的数量词，即"A＋比＋B＋形容词＋数量词"，这个时候数量词只能放在形容词后，不能放在形容词前，比如：

他比我大两岁。

他的房间比我的大两平方米。

人大的暑假比北大的长一个星期。

二十三、"比"字句的否定形式

误例：*你比彼得不高。

正例：你没有彼得高。

说明："比"字句的否定不能通过在形容词前加"不"来完成，而要用"A＋没有＋B＋形容词"这样的结构。例如：

他没有我忙。

我的汉语没有他好。

他们班的同学没有我们班的同学活跃。

相关提示：使用"A + 没有 + B + 形容词"这个否定式时，可以在形容词前面加上"这么"或"那么"。例如：

南方没有北方这么冷。

我的发音没有她那么标准。

今天的天气没有昨天那么好。

除了使用含"没有"的否定式之外，还可以用含"不如"的否定式"A + 不如 + B + 形容词"，例如：

我的汉语水平不如他的高。

那部电影不如这部电影有趣。

他的身体不如前几年好了。

用"不如"表示比较时，后面的形容词多是积极的、正向的，常常可以省略，例如上面的句子也可以说：

我的汉语水平不如他的。

那部电影不如这部电影。

他的身体不如前几年。

二十四、连动句

误例：*我每天去学校坐地铁。

正例：我每天坐地铁去学校。

说明："坐地铁"要放在"去学校"的前面，因为"坐地铁"这件事发生在"去学校"之前。要根据动作发生的先后顺序排列短语的位置。比如说：

他开车去公司。

我经常去图书馆上自习。

妈妈总是下班后去学校接我回家。

相关提示：这样的由两个连用的动词或动词短语构成谓语的句子叫作连动句。连动句的两个或多个动词（动词短语）共用一个主语，两个连用的动词或动词短语的次序是固定的，不能调换，否则不符合常规的逻辑。下面的句子就不对：

*妈妈每天晚上做饭买菜。

*他接孩子去幼儿园。

*我开会去北京。

以上三个例子中表示动作的动词或动词短语位置互换就对了。

连动句根据构成谓语的两个或几个动词（动词短语）之间关系的不同可以分为以下三种：

1. 后一个动词或动词短语表示前一个动词或动词短语的目的。

我们周六去公园玩儿。

后天他去上海看世博会。

我们投票选举新班长。

2. 前一个动词或动词短语是后一个动词或动词短语表示的动作进行的方式。

我们用汉语交流。

他乘飞机去美国了。

他握着我的手表示感谢。

3. 前后两个动词或动词短语的关系只是单纯表示发生的先后顺序。

他借完书离开图书馆了。

你倒杯水给我喝吧。

每天晚上他都开电脑玩儿游戏。

二十五、"还是"与"或者"

误例：*我不知道他是中国人或者美国人。

正例：我不知道他是中国人还是美国人。

说明：这个句子应该用"还是"。因为"不清楚/不知道/不明白"这样的词语含有不确定的意思，后面常常是含有一个疑问词的疑问小句。例如：

我不知道他去哪儿了。

大家都不明白他的意思是什么。

我不清楚他到底是明天来还是后天来。

相关说明："还是"和"或者"都用于连接两个选项。其中"还是"常常用在选择疑问句中，句式是"A还是B？"；"或者"不用在疑问句中。例如：

A：我明天来还是后天来？

B：你明天来或者后天来都行。

A：今天中午你想吃馒头还是米饭？

B：馒头或者米饭都行。

A：今天下午你去图书馆学习还是去运动？
　　B：我想运动运动，去游泳或者去打篮球。
　　结构"还是……吧"表示经过考虑之后做出的选择，常常跟"A还是B？"配合使用。例如：
　　A：你是开车去还是坐地铁去？
　　B：我还是坐地铁去吧，坐地铁不会堵车。
　　A：你要红的那件还是要黑的那件？
　　B：还是红的吧，红色比较亮。
　　A：你喝茶还是喝咖啡？
　　B：还是喝茶吧，我想尝尝中国的茶。

二十六、正反问句

　　误例：*你想看电影不看？
　　正例：你想不想看电影？
　　说明：把谓语的肯定式和否定式并列起来，可构成疑问句，这样的句子就叫作正反疑问句。例如：
　　你来不来学校？
　　他看不看电影？
　　我们去不去她家？
　　能愿动词"想""会""能""可以""应该"常放在动词前，表示能力、可能或者意愿。含能愿动词的句子的正反疑问句是通过能愿动词的肯定式与否定式连用实现的。比如说：
　　你想不想上大学？
　　我能不能再看一遍？
　　你想不想看电视？
　　相关提示："可以"的正反疑问句形式是"可不可以"，一般不说"可以不可以"。例如：
　　我妈妈病了，我可不可以先走？
　　这里可不可以抽烟？
　　我可不可以晚点儿到学校？

正反疑问句也可以通过"是不是"来实现。在这种结构中，说话人对所说的事已经有了一些看法和倾向，希望得到对方的确认。试比较：

你是不是没写完作业？

你没写完作业，是不是？

明天是不是有雨？

明天有雨，是不是？

他昨天是不是没回家？

他昨天没回家，是不是？

句尾的"是不是"也可以替换为"对不对"。例如：

你不会游泳，对不对？

他考试成绩不好，对不对？

你今年暑假不回家，对不对？

二十七、"有点儿"与"一点儿"

误例：*汉语一点儿难。

正例：汉语有点儿难。

说明："一点儿"与形容词共用时，一般在形容词的后面，表达某种愿望。在"一点儿"前面的形容词通常是好的、比较积极的。比如说：

你走得太快了，慢一点儿。

这件衣服太贵了，便宜一点儿吧。

希望下次考试能简单一点儿。

相关提示："有点儿"和"一点儿"的意思相近，但"有点儿"是副词，"一点儿"是量词。"一点儿"可以用在名词前边，"有点儿"不行。比如：

请给我一点儿水。

我想要一点儿苹果。

他借给了我一点儿钱。

"有点儿"放在形容词前面，表示不满意。这样的形容词，常常是不好的。如：

那家商店有点儿远。

我有点儿难受。

这件衣服有点儿贵。

"有点儿"和"一点儿"常常在一起用,既表达自己的不满,也提出愿望。特别是买东西的时候,我们更常用这样的句子。如:

这双鞋有点儿小,有没有大一点儿的?

在比较两个事物的时候,应该用"一点儿",不能用"有点儿"。比如:

他的汉语比英语好一点儿。

这件衣服比那件好看一点儿。

今年夏天比去年凉快一点儿。

二十八、能愿动词"会"与"要"

误例:*我也很饿,我七点半会去饭馆儿。

正例:我也很饿,我七点半要去饭馆儿。

说明:"我七点半去饭馆"是自己的计划,并不需要对谁做什么承诺,所以应该用"要",不应该用"会"。英语的"will",可以翻译成能愿动词"会"和"要",这两个词很容易混淆。

相关提示:我们从两个方面来看。

1. 句子的主语是说话人自己时,"会"表示对别人做出承诺,"要"可以表示自己的计划。试比较:

你先去学校吧,我一会儿也会去的。

七点钟我要去学校上课。

我会按时完成任务的。

我要努力完成任务,为祖国人民争光。

2. 句子的主语是别人时,"会"表示对别人的猜测,"要"表示别人的计划。比如说:

虽然现在十点了,他还是会来的。

他十点钟要来学校。

明天他会和我一起去长城的。

明天他要去长城。

二十九、能愿动词"会"与"能"

误例:*吃完的时候,王朋不会付钱,他没有钱!

正例：吃完的时候，王朋不能付钱，他没钱！

说明："会"表示一个人经过学习以后得到的一种能力；"能"表示能力达到的程度，可以表示做一件事的水平怎么样，做得好不好。试比较：

我会用汉语打字。

我一分钟能打120个汉字。

他会说汉语。

他的汉语很好，能跟中国人聊天。

相关提示："不能"可以表示客观条件不允许做什么事，"不会"就没有这种意思，仅仅表示没有学习过，所以没有这种能力。试比较：

我不会骑车，我们还是坐公共汽车去吧。

这里是高速公路，不能骑车。

我以前没用过筷子，所以不会用筷子吃饭。

这里只有刀叉，我不能用筷子吃饭。

"不会骑车"和"不会用筷子吃饭"都是因为没有学习，所以没有这种能力。"不能骑车"和"不能用筷子吃饭"是因为条件不允许，所以不能这样做。

三十、能愿动词"能""会""可以"

误例：*你得早点儿走，否则你能迟到。

*带着伞，要不你可以淋雨。

正例：你得早点儿走，否则你会迟到。

带着伞，要不你会淋雨的。

说明：这两个句子里"迟到""淋雨"都是说话人不希望出现的情况，应该用"会"。

相关提示：能愿动词"能""可以"和"会"的意思有所不同。"能"和"可以"表示主客观条件允许做某事，而这样的事常常是主观期待的，所以这两个词不能跟消极意义的词语连用。比如说：

我自己能做出这个题目的。

你能帮我把这些书放在桌子上吗？

我能按时到北京大学，你放心吧。

我可以借你的这个电脑用一用吗？

不要着急，你可以先休息一下然后再工作。

太棒了，经理同意了我的要求，我明天可以休息了。

"会"只是表示某种客观预测，没有主观期待的意思，所以不但可以和积极意义的词语连用，也可以和消极意义的词语连用。试比较：

别大声说话，会吓到孩子的。

没关系，你把想法告诉他，他会同意的。

别吃这么多肉了，要不你会变胖的。

多运动，你就会瘦的。

三十一、"看"与"见"

误例：*我见过这个电影。

正例：我看过这个电影。

说明：我们一般说"看过这个电影"而不说"见过这个电影"。虽然"看"和"见"意思差不多，它们也常常被放在一起使用，如我们常说"看见"，但当"看"和"见"分别跟"过"一起用的时候，意思差别就很明显了。因为"看过"和"见过"带的宾语不一样。"看过"的宾语是"书""杂志""电影"这样的词，而"见过"的宾语是"人""事""东西"这样的词。比如说：

我看过这本杂志。

小王看过那个小说了。

我从来没见过这种事。

我不认识那个人，也从来没见过他。

相关提示：因为几天才能看完一本杂志或小说，用的时间比较长，所以我们用"看过"，重视这个动作的过程。而"见过"重视动作的结果，用的时间比较短，"一个人"只要看一下就知道认不认识了，"一件事"我们往往也很难看到它发生的全部过程，一般只要知道最终的结果就是"见过"了。

我们再看几个例句：

这张报纸我看过了，广告太多，没什么意思。

上个周末我看过你的表演。

这个电视剧我已经看过了。

你见过这么聪明的孩子么？

我从没见过态度这么差的服务员。

我以前见过他的女朋友。

三十二、动宾结构短语与宾语

误例：*我打电话你。

正例：我给你打电话。

说明："打电话"不能带宾语，因为"电话"已经是"打"的宾语了，而"打"这个动词不能带两个宾语。下面的错句也是一样的情况：

*他请客他女朋友。

*别担心，我会帮忙你的。

*我们都喜欢开玩笑他。

应该改为：

他请他女朋友客。

别担心，我会帮你忙的。

我们都喜欢跟他开玩笑。

相关提示：除了"打电话"以外，我们常用的通讯方式还有很多，应该怎么用呢？

写信：我一定会给你写信的。

发邮件：等我有时间的时候我会给你发邮件的。

发传真：我明天给你发传真。

发短信：有事儿给我发短信。

上网聊天儿：我经常跟朋友在网上聊天儿。

接到别人的电话、来信、邮件、短信以后，我们还要再联系别人，以便回应。那么我们就可以说：

回电话：我明天给你回电话。

回信：他一定会给你回信的，你再等一等。

回邮件：等我有时间的时候我会给你回邮件的。

回短信：有消息了给我回个短信。

三十三、动词与宾语

误例：*我说了他一个秘密。

正例：我对/跟他说了一个秘密。

说明："说"这个动词，只能带一个宾语，即说话的内容，那么说话的对象就要用"对/跟"引出来。我们常常说这样的句子：A 对/跟 B 说……。比如说：

"我要写啦。"我笑眯眯地跟她说。

早晨，我还在睡觉，他把我叫醒，对我说："该工作了。"

"别人看不起咱们也就算了，"小元激动地对我说，"但咱们不能自己看不起自己。"

下面这个句子也不对，是同样的原因：

*我讲他原因，可他不信。

"讲"也只能带一个宾语：事情、故事、原因、条件等。而说话的对象要用"给"引出来：A 给 B 讲……。比如说：

我给他讲事情的原因，可他不信。

我刚才给你们讲的都是些小事，还有些事儿你们听了一定会更生气。

我给大家讲个故事。

"告诉"这个词的用法不一样，它可以有两个宾语，一个是告诉的内容，一个是告诉的对象，我们可以说：A 告诉 B……。比如说：

他嘱咐我不要告诉别人这事。

他告诉了小周那个小伙子的姓名。

我很愿意跟你们交朋友。我告诉你们我的电话号码，以后你们有事可以找我。

三十四、概数的表达

误例：*我已经来中国两个月多了。

正例：我已经来中国两个多月了。

说明："多"用在量词之后，名词之前，也就是"数词 + 量词 + 多 + 名词"。比如说：

我用了两个多星期才完成这份作业。

这次会议进行了两个多小时。

我在北语学习了九个多月了。

相关提示：当数词为整数时，"多"既可以放在量词前，也可以放在量词后。下面的两种说法都可以：

我离开学校已经十多年了。

我离开学校已经十年多了。

但是这两句话的意思是不一样的。"十多年"是以年为单位的,可能是11~19年之间的任一时间;而"十年多"是以比年小的时间为单位的,可以是月,也可以是天,比如"十年零两个月",或者"十年零五天"等等,是10~11年之间的任一时间。

这里的量词必须是可以继续切分的。比如货币单位"元"可以再分为"角"或"分",度量单位"斤"可以再分为"两"。因此下面的说法都是正确的:

我今天吃饭花了十多块。

我今天吃饭花了十块多。

这些苹果有十多斤。

这些苹果有十斤多。

三十五、"再"与"又"

误例:*说错了,请你又说一遍。

正例:说错了,请你再说一遍。

说明:"又"和"再"都可以表示重复或者继续做一件事。"又"表示已经发生的事情,"再"表示还没有发生的事情。试比较:

我经常去上海,前天又去了一次。

我经常去上海,打算明天再去一次。

AC米兰这场比赛又输了,他们已经输了10场了。(比赛后)

如果AC米兰这场比赛再输的话,他们就输了10场了。(比赛前)

相关提示:"又"常和"了"一起用,因为"又"表示的动作是已经完成的。比如说:

对不起,我又说错了。

今天又下雨了。

刚吃完饭,我就又饿了。

"再"和能愿动词"想""愿意""要""应该"等连用的时候,应该放在能愿动词的后边。比如说:

你能不能再来帮我一下?

我想再去上海看看我的朋友。

你应该再回家一次。

三十六、"才"与"就"

误例：*我们8：00上课，可是他8：30来。

正例：我们8：00上课，可是他8：30才来。

说明：在表示时间的词语后面，用"才"可以表示说话人认为动作发生得晚、慢或用的时间多，结构是"S＋时间词＋才＋VP"。例如：

电影七点开始，他八点才赶到电影院。

路上堵车，我花了一个小时才来到这里。

短短一篇课文，他用了两个小时才背下来。

相关说明：在表示时间的词语后面，用"就"可以表达和"才"恰好相反的说话人的态度。"就"表示说话人认为动作发生得早、快或用的时间少，常用在"S＋时间词＋就＋VP＋了"这样的结构中。例如：

电影八点开始，他七点就到电影院门口等着了。

路上很顺利，她半个小时就来到这里了。

这么长一篇课文，他一个小时就背下来了。

值得注意的是，表示已然动作时，用"就"的句子末尾要用"了"，用"才"的句子末尾不能用"了"。试比较：

约好八点到，他九点才来。

约好八点到，他七点就来了。

我们昨晚10点就睡了，小王11点才睡。

我们昨晚12点才睡，小王11点就睡了。

三十七、"再"与"要"

误例：*我正在上课，不能打电话，下了课我要给你打电话。

正例：我正在上课，不能打电话，下了课我再给你打电话。

说明："再"在此种句子中是表示延迟做某事，即把动作行为推迟到某个时候进行，句式可以为"VP_1＋再＋VP_2"。比如说：

吃完饭再看电视。

上完课再看电影。

考完试再去旅游。

相关提示:"再"表示延迟做某事时,前面除了可以加动词外,还可以加表示时间的词语,句式为"时间+再+VP"。比如:

明天再去学校吧,今天太晚了。

下次再去唱歌吧,明天要考试呢。

下个周末再聚会吧,我明天有事情。

"以后+再+说"表示推脱的意义。例如:

我这几天太忙了,以后再说吧。

今天下雨,咱们别去了,以后再说吧。

我现在有点儿累,以后再说吧。

"才"也表示行为动作在较晚的时候发生。不过"时间+才+VP_2"表达主观评价,即认为VP_2太晚;"时间+再+VP_2"则只是表示某种安排:把VP_2安排在较晚些的时候进行。另外,"时间+再+VP_2"只能用于没有发生的事情,"时间+才+VP_2"可以用于已经发生的事情,也可以用于没有发生的事情。比如说:

他晚上才来呢,你别等了。

他现在不在,你晚上再来吧。

我昨天才来,还没来得及去公司。

来不及了,我明天再来。

你怎么这个时候才给我?

你明天的这个时候再给我吧。

三十八、时量补语

误例:*我们每天上课四小时。

正例:我们每天上四小时课。

说明:"上课""跳舞"这样的词是离合词,在用的时候,常常被看作一个"动词+宾语"的短语。时间补语应放在动词后面,宾语前面。比如说:

他跳了两个小时舞。

我和我的朋友聊了一下午的天。

他连着上了一周的课。

相关提示：时量补语表示一件事做了多长时间。时量补语放在动词的后边，句式为"S＋V＋时量补语"。如：

我看了一个小时。

我们唱了一晚上。

小王学了一年。

当句子的动词有宾语时，我们有三种说法表达时量补语：S＋V＋时量补语＋O，S＋V＋时量补语＋的＋O，S＋V＋O＋V＋时量补语。比如说：

我看了一个小时书。

我看了一个小时的书。

我看书看了一个小时。

我们唱了一晚上歌。

我们唱了一晚上的歌。

我们唱歌唱了一晚上。

小王学了一年汉语。

小王学了一年的汉语。

小王学汉语学了一年。

在"S＋V＋时量补语（＋O）"这种结构中，有一个"了"和有两个"了"的意思是不一样的。试比较：

我看了一个小时书。

我看了一个小时书了。

第一个句子的意思是看了一小时书，现在不看了，第二个句子的意思是已经看了一小时书，现在还在看。再比较：

我在北京住了5年。

我在北京住了5年了。

我们在茶馆喝了半天茶。

我们在茶馆喝了半天茶了。

三十九、副词的句法位置

误例：*要是你不去，就我也不去了。

正例：要是你不去，我就也不去了。

说明："就"是一个副词，应该放在主语后边，动词前边。再比如：

要是天气不好，咱们就不去春游了。

你要是有什么问题，就给我打电话。

明天要是下雨，你就别出门了。

副词"就"还常和连词"只要""既然""如果"等连用，组成固定搭配。例如：

只要努力，你就能学好汉语。

既然你想回家，我就一个人出去玩儿了。

如果你来到中国，你就会发现，中国很美。

相关提示：其他副词如"先""又""再"等等，也都是放在主语后面。比如下面的句子就是错的：

*先你去吧，我一会儿就去。

*开学以后，又我要回学校了。

*从那以后，再也他没有去过上海。

我们应该这样说：

你先去吧，我一会儿就去。

开学以后，我又要回学校了。

从那以后，他再也没有去过上海。

当"就"表示"只有"这个意思的时候，可以放在主语前面。例如：

就你一个人在家吗？

就他能说。

就你对我最好。

这次就我一个人出差。

四十、结果补语

误例：*我写作业完了。

正例：我写完作业了。

说明：结果补语表示动作或者状态的结果，必须紧跟在动词、形容词的后面。比如说：

你不用再说了，我听懂你的意思了。

他擦干净了桌子。

他看完杂志了。

相关提示：动词和补语之间不能插入"着""了""过"等成分。例如下面的句子是错误的：

＊我写了完作业。

＊他擦过干净了桌子。

＊他看了完杂志了。

这类句子中的宾语可以提前，这样就形成了意义上的被动句。上面的例子可以变换为：

你不用再说了，你的意思我听懂了。

桌子他擦干净了。

杂志他看完了。

含有结果补语的句子关注的不是做这件事的人，而是受到动作影响的东西，所以常常使用这种宾语提前的句式。这也是一种常见的主谓谓语句。

四十一、重动句

误例：＊我吃饭吃饱了。

正例：我吃饱了。

说明：汉语句子中的动词常常可以重复使用，这样的句子叫作重动句。比如说：

我看电视看了三个小时。

他唱歌唱得很好听。

她吃西瓜吃坏了肚子。

有一些含有结果补语的句子中，也可以用重动句。不过并不是所有的都可以这样用，只有结果补语表达的是非预期的结果的时候，才可以使用。比如说：

他踢足球踢坏了三双鞋。

我吃苹果吃饱了。

她看电视把眼睛看坏了。

"踢足球"而"踢坏三双鞋"，这样的结果是没有预料到的；"吃苹果"也绝不是为了"吃饱"；"看电视"的时候也没有想到会"把眼睛看坏"。

而误例中"吃饭"的预期结果就是"吃饱"，或者说"吃饭"就是为了"吃饱"，这样的情况下我们就不会使用重动句来表达。

相关提示：带有时量补语的句子，如果动词后带宾语，一般也要使用重动句。例如：

我看这本书看了三天了。

他吃饭吃了老半天。

她想那件衣服想了很久了。

带有情态补语的句子，如果动词后有宾语，宾语是第一次出现或者缺少宾语语义就不明确时，也要使用重动句，例如：

她说汉语说得比中国人都流利。

我们感激你感激得不得了。

我写字写得很难看。

汉语之所以常常用这种重动句，原因是在汉语的句子中，动词后除了有宾语外，还常常有补语，宾语和补语在语义上都跟动词有密切的联系。为了使它们都靠近动词，只能把动词重复一次。

四十二、补语的可能式

误例：*买这么多东西，我们两个不能吃完。

正例：买这么多东西，我们两个吃不完。

说明：在动词和结果补语或者趋向补语之间加上结构助词"得/不"，就构成了补语的可能式，表示事情可能不可能实现，比如说"修得/不好""打得/不开"。例如：

这么多作业，一个小时哪儿做得完？

山太高了，我们爬不上去。

门关上了，打不开。

在表示某一结果不能实现时，应该用否定式。我们不常说"不能吃完"，而要说"吃不完"。

相关提示：补语可能式的肯定形式不太常用，一般只有在问问题和回答问题的时候说。比如：

你买那么多东西，拿得了吗？

没问题，拿得了。

补语可能式的否定式用得很多，在表示某种结果因为客观或主观条件的限制不能实现的时候，常使用这种形式。比如：

我只学了半年日语，看不懂日本小说。

这种病是治不好的。

今天晚上我看不完这本书了，明天再看吧。

否定式跟"不能"的意思有所不同，当表示"不应该"或者"禁止"的意义时，我们应该在动词前面加"不能"。例如：

我们不能用尽地球的资源，要为后代考虑。

他们在商量事情，你不能进去。

你不能一个人去，夜里太危险了。

否定式表示的是某人有这样的愿望但因为条件限制而不能实现，"不能"则不表示主观愿望，只表达客观限制。试比较：

我们今天不能用完这些钱，否则明天就没有钱了。

这么多钱，根本用不完。

千万不能睡着，你开着车呢。

很晚了，我还睡不着，就起来看书。

四十三、复合趋向补语与宾语的位置关系

误例：*他打开门，把行李放进去房间。

正例：他打开门，把行李放进房间去。

说明：当句子中处所宾语和趋向补语"来""去"同时出现的时候，宾语要放在"来""去"前边。例如：

明天开学了，我要回学校去。

他从外面走进房间来。

听到他在叫我，我飞快地跑下楼去。

相关提示：处所宾语和趋向补语"来""去"同时出现的句子并不多。我们更常说：

他打开门，把行李放进房间。

他打开门，把行李放进去。

再如：

＊回去华盛顿的时候,我很高兴。

可以改为：

回华盛顿去的时候,我很高兴。

但我们更常说：

回华盛顿的时候,我很高兴。

回去的时候,我很高兴。

当句中宾语不是处所,而是一般名词时,位置比较灵活,既可以放在动词和补语之间或者复合趋向补语的中间,也可以放在补语后面。一般来说,动作没有实现的放在"来(去)"之前,已经实现的放在"来(去)"之后。试比较：

我想带相机去长城。

我带去了一个相机。

他从书架上拿下一本书来。

他从书架上拿下来一本书。

四十四、复合趋向补语的引申用法

误例：＊他说了个笑话,我们都笑上了。

正例：他说了个笑话,我们都笑起来了。

说明：趋向补语"起来"和"上"都有引申意义,可以表示动作开始并持续。不过"上"使用的时候限制比较多,前边的动词是可持续的,并且常常表示心理活动。比如：

我最近喜欢上看足球了。

我爱上了这个漂亮的姑娘。

她歪着头,又琢磨上了。

下面的例子也是错误的,都应该用"起来",不能用"上"。

＊不知道什么时候,天已经亮上了。

＊下课以后,校园里热闹上了。

相关提示："上"在非心理活动动词后边,常表示一种不满的情绪。

这雨又下上了。

你们怎么都吃上了？客人还没来呢。

我也没说什么呀,你怎么哭上了。

"起来"的用法没有太多限制，大多数动词以及一部分形容词都可以加"起来"表示动作或者状态开始并持续。例如：

他和父亲吵起来了。

他突然害怕起来。

突然，大家都喊起来："加油！加油！"

四十五、NP + 很难 / 容易 + VP

误例：*汉语学得很难。

正例：汉语很难学。

说明："很难""很容易"这样的词不用作程度补语，它们可以用在"NP + 很难 / 容易 + VP"这样的结构里。比如说：

这种书现在很难买到了。

这个问题很容易回答。

这样的人很难找到。

相关提示：程度补语常用于对已经完成的一件事的评述，而不是对某一类东西或者事情性质的评价。所以下面的句子也不对：

*公园玩儿得很有意思。

*骑自行车对身体很好，不过骑得很累。

要表示对"公园""骑自行车"这类东西或者事情的评价，就不能用程度补语，只要把"公园"和"骑自行车"当成主语，把评价的内容作为谓语就可以了。我们可以说：

公园很有意思。

骑自行车对身体很好，不过骑自行车很累。

如果一定要用程度补语，那就要把它们改为对某一件已经完成的事的评述。

昨天我们在公园玩儿得很有意思。

他昨天骑自行车锻炼身体，骑得很累。

再看几个程度补语的例句：

今天见了许多多年不见的同学，聊得挺开心。

小芳已经累得跑不动了，便停下来，慢慢往前走。

你别说话说得那么难听。

四十六、"把"字句（一）

误例：*请你放我的包在桌子上。

正例：请你把我的包放在桌子上。

说明：当某个确定的事物由于某个动作而发生位置移动时，常常使用"把"字句。例如：

他把书从书架上拿下来。

我把书包放在椅子上。

妈妈把我的旧衣服送给别人了。

这里的"书""书包""旧衣服"都发生了位置移动。

相关提示：除了在表示因为某种动作而使某物发生位移时需要用"把"字句外，还有几种情况要用"把"字句。

"把"字句还可以表示两个分离的东西在外力作用下成为一个整体，或者把一个整体分开。例如：

人们总是把成功和金钱联系在一起。

别把什么事情都和公司的事扯在一起。

把大米和小米分开。

"把"字句还可以表示人们在心理上把两个不同的事物联系起来。例如：

我把你的礼物当作你向我道歉。

把这儿当作你自己家，别客气。

我一直把他当作我的朋友，没想到他却骗了我。

"把"字句还可以表示一个物体在外力作用下状态的变化，这时句中动词后常带结果补语。例如：

我把衣服洗干净了。

妈妈把饭做好了。

昨天他把自行车（弄）丢了。

四十七、"把"字句（二）

误例：*我把作业写得很认真。我把作业写不完。

正例：我（的）作业写得很认真。我（的）作业写不完。

说明：上面的两个句子不应该用"把"字句。

"把"字句指的是"S + 把 + N + VP"这种结构，一般用于表示通过某种动作使某个事物发生了变化。这种变化可以是位置的变化，也可以是状态的变化。但是上面的例句中的"作业"没有发生这种变化，所以不能使用"把"字句。

这种变化体现在句法上，表现为动词后常有趋向补语或者结果补语，或者表示位移终点的介词短语。情态补语和可能补语体现不出变化，所以一般不用于"把"字句。我们看几个例子：

请把这幅画儿挂到墙上。

你帮我把电视打开。

她把自己的一件衣服送给了她妹妹。

相关提示：除了要表示变化以外，"把"字句在使用中还有几个要注意的问题。比如"把"的宾语一般来说是有定的，所以下面的句子都不对。

*爷爷生病了，爸爸把一位大夫请来了。

*他把一杯水喝完了。

*我把一本书看完了。

我们应该这样说：

爷爷生病了，爸爸把李大夫请来了。

他把桌子上的那杯水喝完了。

我把从图书馆借的书看完了。

另外，"把"字句中的否定词以及能愿动词都应该放在"把"的前边。比如下面的句子就不对。

*我把你的事没告诉别人。

*我把作业一定在今晚八点前写完。

*我把这篇课文能背下来。

我们应该说：

我没把你的事告诉别人。

我一定在今晚八点前把作业写完。

我能把这篇课文背下来。

四十八、时间的表达

误例：*今天六点晚上，王朋请李友吃中国菜。

正例：今天晚上六点，王朋请李友吃中国菜。

说明：汉语中表示时间的时候，通常是范围较大的时间在前。比如：

明天早上八点，我来找你。

去年九月的一个晚上，我们见面了。

上个星期四下午两点左右，他来找我玩儿了。

相关提示：汉语中地址的表示也是这样，将范围较大的地点放在前面。比如说：

我住在北京市海淀区学院路北京语言大学。

我的家乡在中国的大西北。

他住在美国加州。

从大到小是中国人的思维习惯，除了时间和地点的表达外，还有一种句子，也是从大到小表示。比如下面的句子，"她"的范围大，放在"眼睛"的前边。

她眼睛很漂亮。

这种句子是主谓短语做谓语的句子，叫作主谓谓语句。这种句子包含一个大主语和一个小主语，其中小主语是大主语所表示的事物的一部分，这是汉语中经常使用的句式。再比如：

北京人很多。

他今天身体不舒服，脸色不太好。

小明身高一米七，体重一百五十斤。

四十九、"让"与"问"

误例：*王朋问服务员不放味精。

正例：王朋不让服务员放味精。

说明：在英语中，"让"和"问"都是"ask"，但在汉语中，它们的意思是不同的，"让"表示叫某人做某件事，而"问"表示询问一件事情。试比较：

妈妈让我好好学习。

妈妈问我好好学习了没有。

他让我下课之后和他一起吃饭。

他问我下课之后能不能和他一起吃饭。

相关提示：汉语和英语的词汇是两套系统。英语中有时同一个词有两个意思，但是在汉语中这两个意思却要用两个词来表达。反过来也是一样。所以，说汉语的时候，不能只是随意把某个词从英语翻译成汉语。

类似的问题还比如"喜欢"和"要"这对容易用混的词,英语的"like"在汉语中是"喜欢",可是"would like"却并不是"喜欢",而是"(想)要"。比如我们常见到这样应该用"(想)要"而错用了"喜欢"的句子:

*我喜欢一杯咖啡。

*我喜欢一份汉堡。

"喜欢"的意思是心理上愿意做某事或者"喜爱"某个东西,比如:

我喜欢游泳。

我喜欢喝咖啡。

他最喜欢长头发的女孩子。

而"(想)要"表示希望得到某个东西或做某件事,例如:

我想要一杯咖啡。

我想要一份汉堡。

我要去一趟广州。

五十、离合词

误例:*下周末王朋生日,他要请客大家。

正例:下周末王朋生日,他要请大家的客。

说明:"请客"是一个离合词。离合词就是可以被别的词分开,也可以合起来用的一种词。

虽然"请客"是一个词,但因为我们常把"请"看作一个动词,把"客"看作它的宾语,所以"请客"又像是一个词组。

因为已经有一个宾语了,所以"请客"的后边不能再有另外一个宾语。因此"请客大家"这样的说法就不对,应该改成"请大家的客"。这样,"大家的客"形式上就变成了一个整体,一起做"请"的宾语。我们常常说"A请B的客"。比如说:

你怎么又请他的客?

我们帮你这么多忙,你得请我们的客。

回去我得让她请我的客,请我吃大餐。

相关提示:这种离合词常见的还有"跳舞""发烧""睡觉""请假""开玩笑""生气""游泳""理发""聊天儿""洗澡""上课""听说""担心""帮忙"等。这些词具

体用法不太一样,不过它们有一点是相同的,就是在词的中间可以加上别的词。我们看几个例句:

他跳了一个晚上舞。

他上周感冒了,发了三天高烧。

终于考完试了,昨天晚上睡了一个好觉。

他请了一个星期的假,回国了。

谁都不喜欢别人开自己的玩笑。

他知道自己错了,你别生他的气了。

参考文献

程棠（1999）关于对外汉语教学目的的理论探索，《世界汉语教学》第3期。

程棠（2000）《对外汉语教学目的原则方法》，北京：华语教学出版社。

崔希亮（1995）"把"字句的若干句法语义问题，《世界汉语教学》第3期。

戴浩一（1988）时间顺序和汉语的语序，《当代语言学》第1期。

范开泰（1992）论汉语交际能力的培养，《世界汉语教学》第1期。

傅海燕（2007）《汉语教与学必备：教什么？怎么教？（下）》，北京：北京语言大学出版社。

江新（2007）《对外汉语教学的心理学探索》，北京：教育科学出版社。

金立鑫、白水振（2003）现代汉语语法特点和汉语语法研究的本位观，《汉语学习》第3期。

李泉（2007）对外汉语语法教学研究综观，《语言文字应用》第4期。

刘珣（1994）新一代对外汉语教材的展望——再谈汉语教材的编写原则，《世界汉语教学》第1期。

刘一之（2000）"把"字句的语用、语法限制及语义解释，《语法研究和探索（十）》，北京：商务印书馆。

刘月华、潘文娱、故韡（2005）《实用现代汉语语法》（增订本），北京：商务印书馆。

陆俭明（2000）"对外汉语教学"中的语法教学，《语言教学与研究》2000年第3期。

罗青松（2006）美国《21世纪外语学习标准》评析——兼谈《全美中小学中文学习目标》的作用与影响，《世界汉语教学》第1期。

吕必松（1986）试论对外汉语教学的总体设计，《语言教学与研究》第4期。

吕必松（1990）关于教学内容与教学方法问题的思考，《语言教学与研究》第2期。

吕必松（1996）《对外汉语教学概论》（讲义）。

吕文华（1994）《对外汉语教学语法探索》，北京：语文出版社。

彭小川（1998）试论华文教学的深入浅出问题，《暨南学报（哲学社会科学版）》第4期。

彭小川（2003）论"精讲活练",《语言教学与研究》第1期。

盛　炎（1990）语言交际能力与功能教学,《第三届国际汉语教学讨论会论文选》。

盛双霞（2008）谈谈对外汉语教学中的精讲多练,《中国大学教学》第3期。

苏英霞（1998）"不是……吗？"句的语用分析,《对外汉语教学探讨集》,北京：北京语言学院出版社。

孙德金（2006）语法不教什么——对外汉语语法教学的两个原则问题,《语言教学与研究》第1期。

佟慧君（1987）课堂教学的"讲"与"练",《世界汉语教学》第4期。

王添淼（2006）美国国家汉语学习目标———内容、实施途径和影响,《云南师范大学学报（对外汉语教学与研究版）》第5期。

王学松（2007）"明德模式"研究述评,《语言文字应用》第S1期。

薛凤生（1987）试论"把"字句的语义特征,《语言教学与研究》第1期。

杨惠元（1980）浅谈重复,《语言教学与研究》第2期。

杨惠元（2004）试论课堂教学研究,《语言教学与研究》第3期。

姚道中（2010）美国汉语教学的走势,http://www.hanban.org/article/2010-06/ 22/ content_147862.htm。

岳维善（1988）提高听说课教学中言语材料的重现率和学生的开口率,《世界汉语教学》第3期。

赵金铭（1996）对外汉语语法教学的三个阶段及其教学主旨,《世界汉语教学》第3期。

张和生（2010）《汉语可以这样教——语言要素篇》,北京：商务印书馆。

张旺熹（1991）"把字结构"的语义及其语用分析,《语言教学与研究》第3期。

张伟平（2007）对外汉语教材中初级阶段语法项目的选取和排序情况的考察,北京语言大学硕士学位论文。

周祖谟（1953）教非汉族学生学习汉语的一些问题,《中国语文》第7期。

附录一 《国际汉语教学通用课程大纲》（修订版）[①] 语法项目列表

一级语法项目表

目标描述	1. 掌握简单常用基本句型； 2. 掌握常用疑问句； 3. 掌握表达领属关系的定语； 4. 掌握程度副词做状语； 5. 掌握常用实词和虚词的意义和用法。		
	语法项目	**结构形式**	**举例**
一、实词	1.1 人称代词		
	1.1.1 人称代词"我"	我	我叫……
	1.1.2 人称代词"你"和"您"	你、您	你好！ 您贵姓？
	1.1.3 人称代词"他"和"她"	他、她	他是我哥哥。 她是我姐姐。
	1.2 人称代词的复数形式	我／你／他＋们	我们学习汉语。
	1.3 指示代词		
	1.3.1 这	这＋是＋……	这是什么？
	1.3.2 那	那＋是＋……	那是苹果。
	1.3.3 这儿	这儿	在这儿。
	1.3.4 那儿	那儿	他在那儿。
	1.4 时间名词		
	1.4.1 年、月、日的表达	＿＿年＿＿月＿＿日	2013年12月5日
	1.4.2 星期的表达	星期＿＿	星期一～星期日

[①] 孔子学院总部／国家汉办，2014，北京：北京语言大学出版社。

	语法项目	结构形式	举例
一、实词	1.4.3 钟点的表达	____点____分 差____分____点 刻、半	8点、8点10分 差5分8点、差1刻10点 八点一刻、八点半
	1.5 钱数的表达	元(块)、角(毛)、分	10块5毛8分
	1.6 数词：基数词	1~99	我爸爸66岁。
	1.7 常用量词	个、名、本、口	一个弟弟、25名学生、十本书、三口人
	1.8 表情感态度的动词"爱、喜欢、想"	主语+爱/喜欢/想+名词 主语+爱/喜欢/想+动词(短语)	我爱你。 我喜欢看电影。
	1.9 助动词		
	1.9.1 能	能+动词(短语)	你能来吗？
	1.9.2 会	会+动词(短语)	我会打网球。

	语法项目	结构形式	举例
二、虚词	1.10 副词的意义及位置		
	1.10.1 程度副词"很、非常、真"	很/非常/真+形容词	我很好。 她非常漂亮。 真好！
	1.10.2 程度副词"太"	太+形容词 太+形容词+了	这本书太贵。 太好了！
	1.10.3 副词"也"(表类同)	主语+也+动词(短语)	我也去。

	语法项目	结构形式	举例
二、虚词	1.10.4 副词"都"（表总括）	主语＋都＋动词（短语）	我们都是留学生。
	1.11 连词"和"	A＋和＋B	我和他都学习汉语。
	1.12 结构助词"的"（表领属）	代词/名词＋的＋名词	我的书包
	1.13 语气助词"了"	小句＋了	他去医院了。

	语法项目	结构形式	举例
三、句子成分、句型和句类	1.14 动词谓语句	主语＋动词＋宾语	我姓王。
	1.14.1 "是"字句	主语＋是＋宾语	玛丽是美国人。
	1.14.2 "有"字句	主语＋有＋宾语	我有一个弟弟。
		主语＋没有＋宾语	我没有电子词典。
	1.15 形容词谓语句	主语＋副词（很、非常）＋形容词	我很高兴。玛丽非常漂亮。
	1.16 名词谓语句	主语＋年龄	我 20 岁。
		主语＋钟点	现在两点半。
		主语＋星期	今天星期日。
		主语＋年/月/日	今天 11 月 13 号。
		主语＋钱数	这本词典 20 块钱。
	1.17 否定句		
	1.17.1 用"不"的否定句	主语＋不＋动词/形容词	我不是韩国人。
	1.17.2 用"没"的否定句	主语＋没(有)＋动词/形容词	昨天我没来。
	1.18 祈使句（表示礼貌请求）	请＋动词！	请进！请坐！

	语法项目	结构形式	举例
三、句子成分、句型和句类	1.19 感叹句	真+形容词！ 太+形容词+了！	真好！ 太棒了！
	1.20 疑问句		
	1.20.1 一般疑问句	吗 呢	玛丽是大学生吗？ 我是中国人，你呢？
	1.20.2 特殊疑问句	什么 谁 哪 哪儿 几 多少 多+形容词 怎么了 怎么样	你叫什么？ 他是谁？ 你是哪国人？ 你去哪儿？ 今天星期几？ 你的电话号码是多少？ 你多大？ 你怎么了？ 这本书怎么样？

二级语法项目表

目标描述	1. 掌握时间状语和地点状语; 2. 掌握常用的复杂谓语句; 3. 掌握常见的特殊句式; 4. 掌握基本的时体表达; 5. 掌握常用实词和虚词的意义和用法; 6. 掌握基本的常用复句。		
	语法项目	结构形式	举例
一、实词	2.1 方位名词		
	2.1.1 简单方位名词	上、下、左、右、前、后	书在桌子上。
	2.1.2 复合方位名词	旁边、左边、右边	他在我旁边。
	2.1.3 方位名词短语	名词+方位名词	桌子上、窗外、银行前边、学校西边
	2.2 代词		
	2.2.1 大家、每	大家、每	大家好。 我每天八点上课。
	2.2.2 指示代词+量词	这/那+量词+名词	这本书、那个人
	2.3 数词		
	2.3.1 基数词	百、千、万	一万五千八百
	2.3.2 序数词	第一、第二	第一名
	2.3.3 "二"和"两"	二/两+度量衡单位+名词	二斤苹果、两斤苹果
		两+一般量词+名词	两件衣服、两本书
	2.4 量词		
	2.4.1 名量词	件、条、块、张、斤	一件衬衣、两条裤子、三块面包、四张桌子、五斤苹果
	2.4.2 动量词	次、下	我去过一次长城。 请你等一下。

153

	语法项目	结构形式	举例
一、实词	2.5 表态度观点愿望的动词		
	2.5.1 觉得	主语+觉得+动词（短语）/形容词（短语）/小句	我觉得行。 我觉得太贵了。 我觉得这件事可以做。
	2.5.2 希望	主语+希望+动词（短语）/小句	我希望明天去。 我希望你努力学习。
	2.6 助动词		
	2.6.1 要	主语+要+动词（短语）	玛丽要去图书馆。
	2.6.2 可以（表允许）	可以+动词（短语）	这儿可以拍照。
	2.6.3 可能	可能+动词（短语）/小句	明天可能下雨。
	2.7 离合词	唱歌、跳舞、上班、考试、游泳	他游了一次泳。
	2.8 动词重叠	VV 或 V一V	我试试这件衣服。 我看一看那本书。
	2.9 形容词重叠		
	2.9.1 AA 式	高高、长长	他个子高高的。
	2.9.2 AABB 式	干干净净、漂漂亮亮	他的房间干干净净的。

	语法项目	结构形式	举例
二、虚词	2.10 程度副词	最、更	这件衣服最漂亮。 这个更好。
	2.11 副词"正"或"正在"（表动作正在进行）	正/正在+动词（短语）(+呢)	玛丽正在打网球呢。

语法项目	结构形式	举例
2.12 结构助词"的"（"的"字短语）	名词/代词+的	这是玛丽的。哪个是你的？
	形容词+的	红的好看。
2.13 语气助词"了"（表变化）	名词+了	你几岁了？几点了？
	形容词+了	天冷了。
	要/就要/快要/快+动词（短语）+了	快要上课了。
2.14 动态助词"了"	主语+动词+了+数量短语	我买了两本书。
2.15 动态助词"着"	主语+动词+着（+宾语）	门开着。外面下着雨。
2.16 动态助词"过"	主语+动词+过+名词	我去过长城。我没吃过烤鸭。
2.17 介词：引进对象做状语		
2.17.1 跟	跟+某人（+一起）+动词（短语）	我跟他一起去买东西。
2.17.2 给	给+某人+动词（短语）	我给爸爸打电话。
2.17.3 对	对+某人+动词（短语）	我对他说。
2.18 介词：引进空间方位		
2.18.1 从	从+起点+动词（短语）	我刚从英国回来。
2.18.2 向	向+方向+动词（短语）	（你）一直向北走。
2.18.3 往	往+方向+动词（短语）	往右拐。
2.18.4 到	从+起点+到+终点	从这儿到王府井怎么走？
2.18.5 离	A+离+B+远/近	我家离学校很远。

二、虚词

	语法项目	结构形式	举例
三、句子成分、句型和句类	2.19 定语	形容词+的+名词	可爱的孩子
	2.20 状语		
	2.20.1 时间状语	主语+时间状语+动词（短语）	他八点起床。
	2.20.2 地点状语	在+地点/处所+动词（短语）	他在北京大学学习。
	2.20.3 描写性状语	主语+形容词+地+动词（短语）	他高兴地笑了。
	2.21 简单程度补语	动词+得（+程度副词）+形容词	你说得很对。
	2.22 主谓谓语句	主语+谓语（主谓短语）	他个子很高。
	2.23 连动句（表目的）	来/去+地方+动词（短语）	我来北京学习汉语。
	2.24 双宾语句	主语+给/送/找/借/教+间接宾语+直接宾语	玛丽给/送我一本书。找你三块钱。
	2.25 兼语句	主语+请/叫/让+兼语+动词（短语）	他请我吃饭。他让我明天来。
	2.26 比较句		
		A+比+B+形容词	今天比昨天冷。
	2.26.1 "比"字句	A+比+B+形容词+一点儿/得多/多了/数量短语	今天比昨天冷多了。我比他高五厘米。
	2.26.2 "比"字句的否定	A+没有+B+形容词	你没有玛丽高。

语法项目	结构形式	举例
2.27 "是……的"(强调时间、地点、方式)		
2.27.1 强调时间	主语+是+时间+动词(+的)+宾语(+的)	我是昨天来的。
2.27.2 强调地点	主语+是+地点+动词(+的)+宾语(+的)	我是在北京认识刘老师的。 我是在北京认识的刘老师。
2.27.3 强调方式	主语+是+方式+动词(+的)+宾语(+的)	我是坐飞机来北京的。 我是坐飞机来的北京。
2.28 祈使句	别、不要	别去! 不要说话!
2.29 用"吧"的一般疑问句	小句+吧?	他是美国人吧?
2.30 正反疑问句	主语+动词+不/没+动词+(宾语)? 主语+形容词+不+形容词?	你来不来? 你看没看电视? 汉语难不难?
2.31 特殊疑问句		
2.31.1 什么时候	什么时候	你明天什么时候来学校?
2.31.2 怎么(询问方式)	主语+怎么+动词(短语)?	这个字怎么读? 去银行怎么走?
2.31.3 为什么	主语+为什么+动词(短语)?	你为什么学习汉语?
2.31.4 多+形容词	多+形容词(远/高/重/长/宽/深)	从你家到学校有多远?
2.32 附加疑问句	怎么样、好吗、可以吗、行吗	我们坐公共汽车去,怎么样? 我们吃中餐,可以吗?

三、句子成分、句型和句类

	语法项目	结构形式	举例
四、复句	2.33 因果复句	因为……，所以……	因为下雨，所以我没去。
	2.34 转折复句	……，但是/可是……	汉语很难，但是很有意思。

三级语法项目表

目标描述	1. 掌握较为复杂的定语和状语； 2. 掌握常用结果补语； 3. 掌握几种特殊句式； 4. 掌握意义和用法较为复杂的实词和虚词； 5. 掌握常用复句。		
	语法项目	结构形式	举例
一、实词	3.1 代词		
	3.1.1 别人、自己、其他	别人、自己、其他	他常常帮助别人。
	3.1.2 指示代词	这么、那么	你应该这么做。
	3.2 数词		
	3.2.1 概数的表达	相邻数字 几、多	七八个 十几个、十多个、二十多岁
	3.3 量词		
	3.3.1 名量词	双、条、层、种、辆、位	一双鞋、一条河、一层楼、一种动物、一辆车、一位老师
	3.3.2 量词重叠	个个、条条、次次	他们班学生个个都很聪明。 我去找他很多次，次次他都不在。
	3.4 表态度观点愿望的动词		
	3.4.1 "认为"和"以为"	主语＋认为＋动词（短语）/形容词（短语）/小句 主语＋以为＋小句	我认为应该这样做。 我认为很好。 我认为你应该去。 我以为你知道。

	语法项目	结构形式	举例
一、实词	3.4.2 打算	主语+打算+动词（短语）	我打算明天去。
	3.4.3 相信	主语+相信+名词（短语）/小句	我相信你。我相信你能做好。
	3.4.4 决定	主语+决定+动词（短语）	我决定去中国学习汉语。
	3.5 助动词		
	3.5.1 能（表条件允许）	能+动词（短语）	你不能在这儿抽烟。
	3.5.2 会（表推测）	会+动词（短语）	明天不会下雨。
	3.5.3 可以（表功能）	可以+动词（短语）	看电视可以练习听力。
	3.5.4 应该	应该+动词（短语）	你应该早点儿来。
	3.5.5 愿意	愿意+动词（短语）	我愿意学习汉语。
	3.5.6 敢	敢+动词（短语）	我不敢去。
	3.6 离合词	帮忙、见面、洗澡、生气、刷牙、上网	请你帮我一个忙。

	语法项目	结构形式	举例
二、虚词	3.7 程度副词	越、特别、极、几乎、比较	昨天天气特别好。
	3.8 时间副词		
	3.8.1 还	还+动词（短语）	玛丽还在看电视。他们还没下班呢。
	3.8.2 已经	已经+动词（短语）	他们已经下班了。
	3.8.3 先	先+动词（短语）	请您先走。
	3.8.4 马上	马上+动词（短语）	火车马上就要开了。

语法项目	结构形式	举例
3.8.5 "就"和"才"	主语（+时间）+就+动词（短语）	我就来。 我今天6点就起床了。
	主语（+时间）+才+动词（短语）	他才来。 他今天8点半才来上班。
3.9 频率副词		
3.9.1 经常、常常	主语+经常/常常+动词（短语）	他常常/经常迟到。
3.9.2 "再"和"又"	主语+再+动词（短语）	你再听一遍。
	主语+又+动词（短语）	他又说了一遍。
3.9.3 一直、总是	主语+一直+动词（短语）	他一直很努力。
	主语+总是+动词（短语）	他总是迟到。
3.10 范围副词		
3.10.1 一起	主语+一起+动词（短语）	我跟你一起去。
3.10.2 一共	主语+一共+动词（短语）	昨天我一共花了300块钱。
3.10.3 只	主语+只+动词（短语）	我只有十块钱。
3.11 语气副词		
3.11.1 终于	终于+动词（短语）/小句	你终于来了。
3.11.2 其实	其实+动词（短语）/小句	其实我也不知道。
3.11.3 当然	当然+动词（短语）/小句	我当然去。

二、虚词

	语法项目	结构形式	举例
二、虚词	3.12 语气助词"了"（表变化）	该+名词（短语）/动词（短语）+了	该你了。该上课了。
		助动词+动词（短语）+了	我能走了。我会说汉语了。你可以下班了。
		不+动词（短语）+了	我不去了。他不迟到了。
	3.13 介词		
	3.13.1 为	主语+为+名词+动词（短语）	不要为我担心。
	3.13.2 为了	为了……+小句	为了解决环境问题，人们想了很多办法。
	3.13.3 关于	关于……+小句	关于这段历史我知道得很少。
	3.13.4 根据	根据……+小句	根据我的经验，明天可能会下雨。
	3.13.5 除了	除了……（以外）……都……	除了他（以外）我们都去。
		除了……（以外）……也……	除了他（以外）我们也去。
		除了……（以外）……还……	除了故宫（以外）我们还去了颐和园。

	语法项目	结构形式	举例
三、句子成分、句型和句类	3.14 定语		
	3.14.1 主谓短语做定语	主语+动词+的+名词	我买的书
	3.14.2 动词短语做定语	动词短语+的+名词	教汉语的老师
	3.15 状语：时间状语	……以前	她每天睡觉以前看电视。
		……以后	下课以后，我去运动。
	3.16 补语：结果补语	动词+完/好/在/到/给/懂/干净/会……	吃完、准备好、放在、寄到、送给、听懂、洗干净、学会
	3.17 比较句		
	3.17.1 等比句	A+跟/和+B（不）一样	我跟你不一样。
		A+跟/和+B（不）一样+形容词	他和我一样高。
	3.17.2 不如	A+不如+B	我不如你。
		A+不如+B+形容词	我不如你高。
	3.17.3 不比	A+不比+B+形容词	北京不比上海凉快。
	3.17.4 用"更"或"还"的比较句	A+比+B+更/还+形容词	明天会比今天更冷。他比姚明还高。
	3.18 连动句（表方式）	主语+动词（短语）$_1$+动词（短语）$_2$	我坐地铁去上班。
		主语+动词$_1$(+宾语)+着+动词（短语）$_2$	他听着音乐写作业。

	语法项目	结构形式	举例
三、句子成分、句型和句类	3.19 存在句		
	3.19.1 "在"字句	名词（短语）+在+方位短语	北京大学在清华大学西边。
	3.19.2 "有"字句	方位短语+有+名词（短语）	桌子上有两本书。
	3.19.3 "是"字句	方位短语+是+名词（短语）	图书馆西边是运动场。
	3.19.4 用"动词+着"的存在句	主语+动词+着+名词	墙上挂着一张世界地图。
	3.20 "把"字句		
	3.20.1 位移类	主语+把+宾语+动词+在/到/给……	他把书放在桌子上了。
	3.20.2 性质变化类	主语+把+宾语+动词+干净/完/成……	我把衣服洗干净了。我把作业做完了。请把这篇文章翻译成英文。
	3.21 "被"字句	主语+被/叫/让+宾语+动词短语	我的词典让小王借走了。
		主语+被+动词短语	那件衣服被买走了。
	3.22 感叹句	多(么)+形容词+啊！	多漂亮啊！
		形容词+极了！	美极了！
	3.23 选择疑问句	……还是……？	你去还是我去？您喝茶还是喝咖啡？我们今天去还是明天去？

	语法项目	结构形式	举例
四、复句	3.24 并列复句	一边……一边……	他一边看电视一边吃饭。
	3.25 承接复句		
	3.25.1 先……，然后……	先……，然后……	我们先去故宫，然后去颐和园。
	3.25.2 先……，再……	先……，再……	我先做作业，再吃晚饭。
	3.26 选择复句		
	3.26.1（或者）……，或者……	（或者）……，或者……	我们或者今天去，或者明天去。
	3.26.2 不是……，就是……	不是……，就是……	他每天不是工作，就是学习。
	3.27 转折复句	虽然……，但是……	汉语虽然很难，但是很有意思。
	3.28 假设复句		
	3.28.1 如果……，就……	如果……，就……	如果明天下雨，我们就不去了。
	3.28.2 要是……，就……	要是……，就……	要是明天下雨，我们就不去了。
	3.29 紧缩复句		
	3.29.1 ……了……（就）……	……了……（就）……	我吃了饭去图书馆。
	3.29.2 ……完……（就）……	……完……（就）……	我做完作业就去看电影。
	3.29.3 一……就……	一……就……	他一下课就回家了。他一看书就头疼。
	3.29.4 越……越……	越……越……	身体越不好越要锻炼。
	3.29.5 不……不……	不……不……	你不去我也不去。

四级语法项目表

目标描述	1. 掌握各类补语； 2. 掌握几种结构较为复杂的特殊句式； 3. 掌握基本反问句； 4. 掌握意义和用法较为复杂的实词和虚词； 5. 掌握逻辑关系较为复杂的复句。		
	语法项目	结构形式	举例
一、实词	4.1 代词		
	4.1.1 各	各 + 量词 / 名词	各位、各国
	4.1.2 疑问代词的非疑问用法		
	任指	疑问代词 + 都 / 也……	他什么都不知道。 你吃什么我就吃什么。
		疑问代词……疑问代词……	你想怎么做就怎么做。 谁想去谁去。
	虚指	什么 / 哪儿 / 谁 /……	你想吃点儿什么吗？ 我们好像在哪儿见过。
	4.2 数词		
	4.2.1 "两"和"俩"	两 + 量词 + 名词 俩 + 名词	两个人 俩人
	4.2.2 倍数的表达	数词 + 倍	4 是 2 的两倍。 今年的收入增加了两倍。

附录一 《国际汉语教学通用课程大纲》(修订版) 语法项目列表

	语法项目	结构形式	举例
一、实词	4.3 量词		
	4.3.1 名量词	朵、份、棵、台、页、只	一朵花、一份报纸、一棵树、一台电脑、一页纸、一只狗
	4.3.2 动量词	遍、趟、回	这本书我看了三遍了。我昨天去了三趟超市。这电影我看了三回。
	4.3.3 特殊量词	场 顿	一场比赛、哭了一场 一顿饭、打他一顿
	4.4 助动词		
	4.4.1 得 (děi)	得 + 动词(短语)	你得来。
	4.4.2 不得不	不得不 + 动词(短语)	我不得不去。
	4.5 离合词	打折、道歉、鼓掌、减肥、理发、请假、请客、散步、握手	打几折、道个歉、鼓鼓掌、减减肥、理理发、请三天假、请一次客、散散步、握握手

	语法项目	结构形式	举例
二、虚词	4.6 连词"与"	A + 与 + B	我与你、中国与美国
	4.7 介词		
	4.7.1 由	由 + 起点	由南向北
	4.7.2 按照	按照……动词(短语)/小句	按照我说的做。

	语法项目	结构形式	举例
二、虚词	4.7.3 以	……以东/以西/以南/以北	长江以南

	语法项目	结构形式	举例
三、句子成分、句型和句类	4.8 补语		
	4.8.1 数量补语		
	动量补语	动词+数词+遍/趟	这本书我看过两遍。 我今天去了三趟银行。
	时量补语	主语+动词+时量补语	请你等一会儿。
		主语+动词+宾语+动词+时量补语	他学汉语学了三年。
		主语+动词+时量（+的）+宾语	他学了三年（的）汉语。
	4.8.2 程度补语	主语+动词+得+补语	他跑得很快。
		主语+动词+宾语+得+动词+补语	他说汉语说得很流利。
		主语+宾语+动词+得+补语	他汉语说得很流利。
	4.8.3 趋向补语		
	简单趋向补语	动词+来/去	他出来了。 他回美国去了。
	复合趋向补语	动词+上来/上去/下来/下去/进来/进去/出来/出去/过来/过去/回来/回去/起来	他跑出去了。

语法项目	结构形式	举例
复合趋向补语中宾语的位置		他跑上楼去了。 他拿出来一本书。 他拿出一本书来。 他拿了一本书出来。
4.8.4 可能补语		
结果补语的可能形式	动词+得/不+结果	吃得完、学不会
趋向补语的可能形式	动词+得/不+趋向	进不来、拿不起来
4.9 复杂比较句		
4.9.1 用"早、晚、多、少"的比较句	A+比+B+早/晚/多/少+动词+数量短语	他比我早来了五分钟。 我比他多喝了一杯酒。
4.9.2 带程度补语的比较句	A+比+B+动词+得+程度补语	我比他跑得快。
	A+动词+得+比+B+程度补语	我跑得比他快。
	A+动词+宾语+动词+得+比+B+程度补语	我说汉语说得比他好。
4.10 "把"字句	主语+把+宾语+动词+了	我把钱包丢了。
	主语+把+宾语+动词重叠式	你把衣服洗洗。
	主语+把+宾语+动词+补语	请大家把书拿出来。 他把衣服洗得很干净。

三、句子成分、句型和句类

	语法项目	结构形式	举例
三、句子成分、句型和句类	4.11 意义上的被动句	主语（受事）+动词短语 主语（受事）+小句	作业写完了。 我的词典小王借走了。
	4.12 "连"字句	连……也/都……	这件事连三岁小孩儿都知道。 你连这个都不知道？
	4.13 反问句		
	4.13.1 不是……吗？	不是……吗？	这不是你说的吗？
	4.13.2 难道……吗？	难道……吗？	难道你不知道吗？
	4.13.3 用疑问代词的反问句	怎么/什么/哪/谁/……	我怎么知道？ 我哪知道？

	语法项目	结构形式	举例
四、复句	4.14 承接复句	……，于是……	他想学习汉语，于是来到中国留学。
	4.15 递进复句		
	4.15.1 不但……，而且……	不但……，而且……	他不但会说英语，而且还会说汉语。
	4.15.2 不仅……，而且/还……	不仅……，而且/还……	我不仅认识他，还很了解他。
	4.16 因果复句		
	4.16.1（由于）……，因此……	（由于）……，因此……	他生病了，因此没来上课。
	4.16.2 既然……，就……	既然……，就……	既然大家都累了，就休息一会儿吧。

	语法项目	结构形式	举例
四、复句	4.17 条件复句		
	4.17.1 只要……，就……	只要……，就……	只要明天天气好，我们就出去玩儿。
	4.17.2 只有……，才……	只有……，才……	只有多听多说，才能学好汉语。
	4.17.3 无论/不管……，都/也……	无论/不管……，都/也……	无论刮风下雨，他都坚持锻炼。
	4.18 转折复句		
	4.18.1 尽管……，还……	尽管……，还……	尽管生病了，他还坚持上课。
	4.18.2 ……，然而……	……，然而……	雪下得很大，然而我并不感觉冷。
	4.19 假设复句	……，否则……	你得早点儿回去，否则父母会担心。
	4.20 让步复句	即使……，也……	即使下雨，我们也要去。

五级语法项目表

目标描述	1. 掌握几种表达特定意义的补语； 2. 掌握常见的插入语、固定短语； 3. 掌握几种特定形式的反问句； 4. 掌握难度等级较高的词语的意义和用法； 5. 掌握紧缩复句及逻辑关系复杂的复句。		
	语法项目	结构形式	举例
一、实词	5.1 代词		
	5.1.1 某	某 + 量词 / 名词 姓氏 + 某	某个、某人 张某、张某某
	5.1.2 各自、彼此	各自、彼此	你们既要各自努力，又要彼此帮助。
	5.2 数词		
	5.2.1 小数	3.14	三点一四
	5.2.2 分数、百分数	1/3、25%	三分之一、百分之二十五
	5.2.3 序数词	甲、乙、丙、丁	
	5.3 量词	片、册、滴、顶、项、克、吨、幅、根、节、颗、粒、批、匹、阵、支	一片云、一册书、一颗心、一支歌
	5.4 离合词	吵架、划船、离婚	吵了一架、划一会儿船、离了三次婚
	5.5 固定短语	不得了、不好意思、不见得、不耐烦、打交道、打招呼、怪不得、看不起、了不起、忍不住、舍不得、说不定、一路平安	有什么事情，跟我打声招呼。 祝你一路平安。

	语法项目	结构形式	举例
二、虚词	5.6 连词"总之"	……，总之……	你爱唱歌，我爱下棋，他爱打篮球，总之每个人都有自己的爱好。
	5.7 介词		
	5.7.1 顺（着）、沿（着）	顺（着）/沿（着）+名词（短语）	顺着这条路一直往前走。
	5.7.2 朝	朝+名词	朝前走 朝他笑了一下
	5.7.3 自	自……以来 自+方位词/地点名词 动词+自+名词	自2008年以来 自南向北、自北京出发 来自美国
	5.7.4 自从	自从+时间/动词短语	自从2009年 自从来到北京
	5.7.5 凭	凭+名词（短语）	凭票入场 你凭什么这么说？
	5.7.6 对于	对于+名词（短语）	对于这个问题，大家的意见是一致的。
	5.7.7 至于	……，至于……	我们决定明年结婚，至于具体时间还要再商量。

语法项目	结构形式	举例
5.8 补语		
5.8.1 趋向补语的抽象用法	动词＋趋向补语	我想起来了。 你要坚持下去。 我听不出来他的声音。 天气暖和起来了。 看上去很美。 把错字改过来。
5.8.2 "个"引导的程度补语	动词＋个＋痛快/够 动词＋个＋不停/没完	我们喝了个痛快。 雨下个不停。
5.9 插入语	据说、总之、看来、依我看、总的来说、也就是说	依我看，你还是早点儿休息吧。
5.10 "把"字句	把＋宾语＋动词＋着 把＋宾语＋给＋动词短语	你把书带着。 我把这事给忘了。
5.11 被动句	主语＋给（＋宾语）＋动词短语	我的手机给小偷偷走了。
5.12 反问句		
5.12.1 何必/何苦	……，何必/何苦呢？ 何必/何苦……呢？	为了这点儿小事生气，何必呢？ 你何苦生那么大的气呢？
5.12.2 何不……（呢）？	何不……（呢）？	天气这么好，何不出去玩儿玩儿呢？
5.12.3 何尝……（呢）？	何尝……（呢）？	我何尝不想去呢？
5.12.4 何至于……（呢）？	何至于……（呢）？	你何至于生这么大的气？

三、句子成分、句型和句类

	语法项目	结构形式	举例
四、复句	5.13 并列复句	……，而……（则）……	他高中毕业以后出国留学了，而我则一直留在国内。
	5.14 承接复句		
	5.14.1 先……，接着……	先……，接着……	我们先考听力，接着考阅读。
	5.14.2 ……，从而……	……，从而……	信息技术迅速发展，从而为人们的交流提供了更为方便的手段。
	5.15 递进复句	不但不/没……，反而……	风不但没停，反而越来越大了。
	5.16 因果复句	……，因而……	这条河河道很窄，因而容易发生水灾。
	5.17 选择复句		
	5.17.1 与其……不如……	与其……不如……	与其靠别人，不如靠自己。
	5.17.2 与其……宁可……	与其……宁可……	与其周末加班，我宁可今天熬夜做完。
	5.17.3 宁可……也不/也要……	宁可……也不/也要……	我宁可不吃饭，也要先把作业做完。
	5.18 条件复句		
	5.18.1 除非……，才……	除非……，才……	除非你去，我才去。
	5.18.2 除非……，否则/不然……	除非……，否则/不然……	除非再给我们一个星期，否则无法完成任务。

	语法项目	结构形式	举例
四、复句	5.19 转折复句	……，要不/要不然/否则/不然(的话)……	我们必须马上出发，要不就迟到了。
	5.20 紧缩复句		
	5.20.1 非……才……	非……才……	我非把作业做完才睡觉。
	5.20.2 不……也……	不……也……	你不想干也得干。
	5.20.3 再……也……	再……也……	我再累也要把作业做完。

六级语法项目表

目标描述	1. 能灵活使用插入语、固定短语和成语； 2. 能灵活使用各种句型句式； 3. 掌握词语、句式的不同语体风格； 4. 掌握多重复句； 5. 掌握常用修辞方法； 6. 掌握语篇的构建手段。			
		语法项目	结构形式	举例
一、实词	6.1 代词			
		6.1.1 指示代词	本 本身	本校、本国 生活本身就是复杂的。
		6.1.2 人称代词	本人	这是本人的亲身经历。
	6.2 量词			
		6.2.1 名量词	磅、串、栋、副、枚、束、艘、枝、株、幢、组、番	一栋楼房、一枚硬币、一番话
		6.2.2 动量词	番	讨论一番
	6.3 离合词		答辩、打架、打仗、捣乱、发财、发呆、发火、发誓、分手、化妆、敬礼、投票、做东、做主	打了一架、发了一会儿呆、投了你一票、做不了主

	语法项目	结构形式	举例
一、实词	6.4 固定短语和成语		
	6.4.1 固定短语	巴不得、不得已、不敢当、不像话、不由得、出洋相、恨不得、伤脑筋	他巴不得立刻见到你。
	6.4.2 成语	丢三落四、一丝不苟、循序渐进、一帆风顺、拔苗助长……	这个人总是丢三落四的。

	语法项目	结构形式	举例
二、虚词	6.5 介词		
	6.5.1 于	动词+于+时间/地点 于+时间/地点+动词（短语）	鲁迅生于1881年。 您的来信已于昨日收到。
	6.5.2 本着	本着+名词（短语）	我们应该本着政策办事。

	语法项目	结构形式	举例
三、句子成分、句型和句类	6.6 插入语	归根到底、总而言之、众所周知、毫无疑问	众所周知，中国是一个发展中国家。
	6.7 "把"字句（表致使）	主语+把+宾语+动词短语	把他气得一夜没睡 看把你美得！ 把他累个半死
	6.8 被动句	为……所……	我为他的真诚所感动。

附录一 《国际汉语教学通用课程大纲》(修订版)语法项目列表

	语法项目	结构形式	举例
四、复句	6.9 并列复句	时而……,时而……	这几天时而晴天,时而下雨。
	6.10 承接复句	……,进而……	先提出计划,进而落实实施方案。
	6.11 递进复句		
	6.11.1 ……,况且……	……,况且……	上海地方那么大,况且你又不知道地址,怎么能找到他呢?
	6.11.2 尚且……何况/更别说……	尚且……何况/更别说……	大人尚且如此,更别说小孩子了。
	6.12 因果复句		
	6.12.1 ……,以至……	……,以至……	他看书太认真了,以至我到他身边他都没发觉。
	6.12.2 (由于)……,以致……	(由于)……,以致……	他工作太累,以致身体都累垮了。
	6.13 选择复句	宁肯/宁愿……,也不/也要……	我宁肯不吃不睡,也要完成任务。
	6.14 目的复句		
	6.14.1 ……,以便……	……,以便……	请告诉我你的电话号码,以便以后联系。
	6.14.2 ……,以免……	……,以免……	开车要遵守交通规则,以免发生意外。
	6.14.3 ……,免得……	……,免得……	出发之前好好看看地图,免得走错路。

179

	语法项目	结构形式	举例
四、复句	6.15 转折复句		
	6.15.1 不过/只是……而已/罢了	不过/只是……而已/罢了	大家都觉得他很自私,只是不愿意说而已。
	6.15.2 固然……但是/可是/不过……	固然……但是/可是/不过……	这样的生活固然稳定,但是对年轻人来说没有前途。
	6.16 假设复句	倘若/倘使/倘如/倘……也(就)……	倘若你不信,就亲自去看看吧。
	6.17 让步复句	即便/就算……,也……	即便工作上取得了很大的成就,也不能骄傲自满。
	6.18 紧缩复句		
	6.18.1 愈(是)……愈(是)……	愈(是)……愈(是)……	愈是危险愈是要冷静。
	6.18.2 (要+)动词+就+动词+个+补语	(要+)动词+就+动词+个+补语	要玩儿就玩儿个痛快。

附录二　初级阶段语法教学参考教案

1. 形容词谓语句

（1）引入：老师拿着一张学生所在国各城市的气象图，上面显示今天各城市的天气情况。

教师：……的天气怎么样？

学生：……的天气非常好／不好／很暖和／冷……。

（2）句子展示

```
          S    +   Adv   +   Adj
   ……的天气      非常        好。
   ……的天气      很          暖和。
   ……的天气      很          冷。
   ……的天气      不          好。
```

错误例：

A：……的天气怎么样？

B：……的天气是好。（×）

　　……的天气好。（×）

说明：在汉语中，形容词做谓语时，前边不用动词"是"，但是一般需要一个表示程度的副词，如"非常""很""比较"，否定形式是在形容词前加副词"不"。

形容词前不加副词，往往有比较的意思。如：

……冷，……暖和。（比较两个地方）

他忙，我不忙。（比较"他"和"我"）

形容词前加"是"，表示强调，用来肯定某种意见或事实，意思相当于"确实、真的是这样"。如：

A：汉字很难吧？

B：汉字是难。

大家都说……很冷，我觉得那儿是挺冷的。

教学提示：当老师问到"……的天气怎么样？"时，如果学生回答"是好""是很好"，则可以先展示错误例，然后让学生听老师说出正确的句子，重复后板书正确句。

（3）句子结构练习

看图说话：让学生根据图片显示的人或物，选择合适的副词和形容词说一句话。如照片上显示一个漂亮女孩，学生可以说：她非常漂亮。

教学提示：做这项练习，要注意选择合适的图片，确保学生描述该图片时要用到的形容词是学生学过的、会说的词。或者可以先把需要用到的形容词（包括学生学过和没学过的）写在黑板上或利用PPT显示出来，没学过的词应该有译词，让学生看着图片选择合适的形容词。要避免练习过程中学生因为不知道需要用到的词而临时查词典的情况，这样会使练习中断，让其他同学等待，浪费宝贵的练习时间。

（4）活用练习

老师请一位同学用形容词谓语句介绍班里的一个同学，大家猜猜是谁。

2. 存在句

"在"字句

（1）引入：老师先把书放在桌子上，然后提问。

教师：你们看，这是什么？

学生：这是老师的书。

教师：老师的书在哪儿？

学生：老师的书在桌子上。

（2）句子展示

名词（词组）+ 在 + 方位词组

老师的书　　在　桌子上。

北京大学　　在　清华大学西边。

银行　　　　在　邮局对面。

书店　　　　在　商店和银行中间。

艾米　　　　在　大卫前边。

错误例：

A：超市在哪儿？

B：超市在<u>对面麦当劳</u>。

说明："在"字句回答"什么/谁在什么地方"的问题。汉语中表达方位时，要把方位的参照点放在前边，方位词放在后边。上边的句子应该改为"超市在麦当劳对面"。

（3）句子结构练习

看图问答：让学生根据图片，选择合适的方位词组，用"在"字句进行问答练习。例如图片上显示图书馆和教学楼的相对位置，问：图书馆在哪儿？答：图书馆在教学楼北边。

教学提示：一张图片上最好能显示多个物品的相对位置，比如一张简易的校园地图，可以包括教学楼、图书馆、宿舍楼、办公楼、体育馆、食堂、书店等。问题的设置可以是"……在哪儿？"，也可以是"……在……哪边？"。后者提示了参照点，回答时需要根据这个参照点来作答，避免随意性。

（4）活用练习

快速展示某张图片，然后将部分地点隐去，让学生比赛说出某处在某个地方。

"有"字句

（1）引入：老师事先在桌子上放两本书。

  教师：桌子上有什么？

  学生：桌子上有两本书。

（2）句子展示

  方位词组 ＋ 有 ＋ 名词（词组）

  桌子上　　有　　两本书。

  商店旁边　有　　一个书店。

  艾米后边　有　　两个同学。

  我家附近　有　　一个公园。

"是"字句

（1）引入：老师拿一张简易的校园地图。

  教师：图书馆西边是什么地方？

  学生：图书馆西边是运动场。

（2）句子展示

  方位词组 ＋ 是＋名词（词组）

  图书馆西边　是　　运动场。

  3号楼旁边　是　　4号楼。

  艾米后边　　是　　大卫。

  超市对面　　是　　一个电影院。

说明："是"字句和"有"字句的句子结构相似，但表达的意思不一样。"有"

字句回答"有没有"的问题,而"是"字句是在已知"有"的前提下,确认"是什么"。例如,在看不见的情况下,我们会问:"桌子上有东西吗?"而如果我们知道桌子上有东西,可是不知道这些东西是什么,这时候我们会问:"桌子上是什么东西?"

(3)句子结构练习

老师攥着拳头问学生:你们猜,老师手里有东西吗?

学生:老师手里有/没有东西。

老师给学生看手里有东西,之后再问学生:现在你们想知道老师手里的东西是什么,怎么问?

学生:老师手里是什么?

(4)活用练习

选择学生熟悉的区域,让一个学生介绍一条街上的设施,别的学生猜猜是哪条街道。

3. 事件正在进行的表达

(1)引入:老师拿着一张图片,上面显示一个人正在唱歌。

教师:这个人在做什么?

学生:他在唱歌呢。

(2)句子展示

```
S  +  正   + VP +  呢
S  +  在   + VP + (呢)
S  +  正在 + VP + (呢)
布朗    正      看书    呢。
玛丽    在      睡觉    呢。
王先生  正在    打电话  呢。
```

……的时候,S +(正)在 + VP +(呢)

A:昨天我给你打电话的时候,你做什么呢?

B:我正在吃晚饭呢。

否定形式:

S + 没有 + VP,[S + VP_1 +(呢)]

A:你在看电视吗?

B:没有(或:我没有看电视),我看书呢。

错误例：我正在去学校呢。

说明：在汉语中，持续性动词可以用来表达事件正在进行，非持续性动词不能用在这种句子中。动词"是""来""去""死"不能用在表示进行的句子中。上面的句子可以改为：我正在去学校的路上呢。

（3）句子结构练习

看图说话：让学生根据图片显示的内容，选择合适的动词说明图片上的人正在做什么。教师应根据学生已经学过的词语选择图片，例如"看书""做作业""吃饭""喝咖啡""听音乐""唱歌""跳舞"等。

（4）活用练习

放两段PPT，根据PPT展示的内容，完成下面的语段。

（PPT显示操场上有很多人在进行各种不同的活动）

今天天气很好，操场上人很多，有的正在＿＿＿＿＿＿，有的正在＿＿＿＿＿＿，……

4. 助词"着"的用法

（1）引入

教师：（走到教室门口开门，边开门边问学生。）老师正在做什么？

学生：老师正在开门。

教师：（让门保持开着的状态，指着开着的门问学生。）你们看，现在，门关着还是开着？

学生：开着。

（2）句子展示

　　　　　　主语　＋　动词　＋　着（＋宾语）

　　　　　　门　　　　关　　　着。

　　　　　　窗户　　　开　　　着。

　　　　　　房间里　　开　　　着　空调，很凉快。

　　上课的时候，老师　　站　　　着，同学们坐着。

说明："动词+着"表示状态的持续，状态持续是指一个事件一直处于一种状态，中间不发生状态上的变化。主要用来描述一种持续的静态特征，即"什么样儿"。

（3）句子结构练习

教师出示一些图片，并给出一个动词。让学生根据图片内容，用所给的动词说出一个带"着"的句子。比如，图片上显示一个人穿着一件红衣服，给出动词

"穿",让学生说出句子:他穿着一件红衣服。教师也可以根据以下的句子让学生找出相应的图片:"黑板上写着很多汉字""门口挂着一个牌子""桌子上放着一瓶水""电脑开着""他手里拿着一本书"。

(4)活用练习

通过 PPT 展示两个房间的照片,让学生找出不一样的地方,用"着"描述不同之处。如:A 房间的灯关着,B 房间的灯开着。

5. 助词"了"的用法(1)

(1)引入:老师先给学生看一张婴儿的照片,然后给学生看第二张照片,照片上写上"8 岁"。

教师:这个孩子多大了?

学生:他八岁了。

(2)句子展示

结构形式 1:

数量词/名词　+　了

我儿子八岁　　　了。

秋天　　　　　　了。

现在十点半　　　了。

今天星期三　　　了。

结构形式 2:

主语　+　形容词/动词　+　了

天　　　　晴　　　　　了。

树叶　　　绿　　　　　了。

花儿　　　开　　　　　了。

玛丽　　　病　　　　　了。

(3)句子结构练习

看图说话:让学生根据图片显示的内容,选择合适的词语说一个用"了"的句子。

教学提示:做这项练习时,要注意根据学生学过的词来选择图片。同时,图片的内容要能显示出一个变化的过程,这个变化过程可以用箭头来表示。例如,用图片展示一个人以前很瘦,后来胖了。图片上可以将瘦的形象放在左边,胖的形象放在右边,中间用从左到右的箭头指示。根据图片,学生可以说出"她胖了"。

（4）活用练习

给学生看两张图片，第一张显示冬天的景色，第二张显示春天的景色。让学生用带"了"的句子来描述从冬天到春天景色的变化情况。

（5）句子展示

结构形式3：

    小句   +   了

    我昨天去王府井 了。

    你昨天晚上做什么 了？

    刚才你去哪儿   了？

    上午我去上课   了。

该结构的否定形式为：

    主语 + 没（有）+ 动词短语

    我昨天晚上 没有 看电视。

    今天早上我 没有 吃早饭。

    玛丽今天 没有 来上课。

结构形式4：

    主语 + 动词+了+数量/动量+（名词）

    我 买 了 两件 衬衫。

    他 吃 了 三碗 米饭。

    这本书我 看 了 两遍。

    我 去 了 两次 颐和园。

错误例1：我昨天买一件衬衫了。

说明：用"了"的句子中，当动词后边有宾语时，如果宾语是一个光杆名词或代词，"了"一般放在句子末尾。如果宾语前边有数量词、形容词等修饰语，或者宾语为两个或两个以上名词的列举形式，"了"放在动词后边。如：

我上星期去广州了。

我买了一件衬衫。

他买了橘子、苹果和香蕉。

错误例2：我没做作业了。

说明：肯定句用"了"的句子，否定形式为"主语+没（有）+动词（短语）"，句子末尾不用"了"。例如：

我没做作业。

今天我没吃早饭。

艾米没来上课。

我昨天没有去买东西。

（6）句子结构练习

排序：教师将下列句子的语序打乱后展示给学生。

①前天我去看电影了。

②我买了三支笔。

③早饭我吃了一个面包。

④刚才我打电话了。

⑤上个月我去了两次长城。

（7）活用练习

做游戏：每个人写四张纸条，第一张纸条上写一个人的名字，第二张纸条上写过去的某个时间，第三张纸条上写方式，比如"跟……一起""骑自行车""坐船"，第四张纸条上写"V……了"，如"去商店了""吃面包了"。老师将纸条按类别分组放在一起，让每个同学从每组纸条中任意抽取一张，将其所组成的句子读出来，让大家听听说的是什么。

6. 比较句（1）

"比"字句

（1）引入：让一位个子比老师高的同学到教室前边，跟老师站在一起。

教师：你们看，××同学高还是老师高？

学生：××同学高。

教师：用"比"怎么说呢？可以说：××同学比老师高。

（2）句子展示

A ＋ 比 ＋ B ＋ 形容词

今天 比 昨天 冷。

我妹妹 比 我 漂亮。

葡萄 比 西瓜 贵。

今天的作业比昨天 多。

否定形式：

A 没有 B ＋ 形容词

我　没有　玛丽　高。
　　我　没有　我妹妹　漂亮。
　　今天没有　昨天　暖和。
　　错误例：今天比昨天不冷。

说明："比"字句的否定形式为"A 没有 B + 形容词"。

（3）句子结构练习

根据所给的句子，分别用"比"和"没有"说比较句。

① 今天的气温是 20 度，昨天的气温是 15 度。

② 我的体重是 50 公斤，我妹妹的体重是 46 公斤。

③ 这本词典有 500 页，那本词典有 750 页。

④ 去颐和园要 30 分钟，去故宫要一个小时。

⑤ 苹果五块钱一斤，香蕉三块钱一斤。

（4）活用练习

将学生分成两组，找出一个女同学，假设有两个人——甲、乙都追求她，一组同学帮助甲，另一组同学帮助乙，每个组员用"比"说一句话，如：

A 组组员：甲比乙聪明。

B 组组员：乙比甲帅。

……

最后让那位女同学决定接受谁，并用"比"说出理由。

7. 能愿动词

能

（1）引入

　　教师：明天是我的生日，我要开一个晚会。……，你能来吗？
　　学生：我能来。

（2）句子展示

　　主语　+　能　+　动词（短语）
　　你　　　能　　喝酒吗？
　　我　　　不能　喝酒。
　　我　　　不能　吃辣的。
　　他今天　不能　来上课。

会

（1）引入：教师拿着一张图片，图片上显示一个人在打网球。

　　教师：……，你会打网球吗？

　　学生：我会打网球。

（2）句子展示

　　主语　+　会　+　动词（短语）

　　我　　　会　　打网球。

　　你　　　会　　开车吗？

　　我　　　不会　跳舞。

错误例1：今天我喝了很多酒，不会开车。

说明：能愿动词"会"表示具有某种技能，或者经过学习后具备某种技能。一个人学会开车后，一般来说任何时候都具备这种技能，都"会"开车，只是有时候受某种条件的限制不"能"开车。上句应改为：今天我喝了很多酒，不能开车。

错误例2：我一分钟会写50个汉字。

说明：能愿动词"会"表示具备某种技能。如果要说明这种技能怎么样，应该用"能"。如"我会写汉字，我一分钟能写50个汉字""我会游泳，我一分钟能游100米"。

可以

（1）引入：

　　教师：校园里可以拍照吗？

　　学生：可以拍照。

（2）句子展示

　　主语　+　可以　+　动词（短语）

　　这儿　　可以　　拍照。

　　明天　　可以　　休息。

　　你　　　可以　　给我打电话。

应该

（1）引入

　　教师：学生应该做什么？

　　学生：学生应该做作业/按时上课/努力学习。

（2）句子展示

　　主语　+　应该　+　动词（短语）

　　你　　　应该　　早点儿来。

　　你　　　应该　　参加考试。

　　你　　　不应该　迟到。

愿意

（1）引入

　　教师：你们觉得汉语有意思吗?

　　学生：非常有意思。

　　教师：……，你愿意学习汉语吗?

　　学生：我愿意学习汉语。

（2）句子展示

　　主语　+　愿意　+　动词（短语）

　　我　　　愿意　　学习汉语。

　　他　　　不愿意　跟我一起去公园。

　　他　　　不愿意　让我用他的电脑。

（3）句子结构练习

用能愿动词"能""会""可以""应该""愿意"填空：

① 今天是星期六，图书馆不_____借书。

② 我想跟他一起去买东西，可是他不_____。

③ 外边很冷，你_____多穿点儿衣服。

④ 我是印尼人，印尼没有冬天，所以我不_____滑冰。

⑤ 去王府井很方便，_____坐地铁，也_____坐公共汽车。

（4）活用练习

练习1：在班里调查一下你的同学都有什么特别的才能。

练习2：请说说在图书馆/宿舍/教室里可以做什么，不能做什么。

	图书馆	宿舍	教室
可以做的事	上网		
不能做的事	打电话		

8. "就"和"才"

（1）引入：教师展示两张图片，一张显示爷爷六点起床，另一张显示小明九点起床。

　　教师：爷爷几点起床？

　　学生：爷爷六点起床。

　　教师：小明呢？

　　学生：小明九点起床。

　　教师：爷爷起床早不早？

　　学生：爷爷起床很早。

　　教师：小明呢？

　　学生：小明起床很晚。

　　教师：要强调动作发生得"早"，可以用"就"；强调动作发生得晚，可以用"才"。如：爷爷六点就起床了，小明九点才起床。

（2）句子展示

　　　　　　　　……就/才　+　动词（短语）

　　我们八点上课，我七点一刻就　　来了。

　　我们八点上课，他八点半　　　才　来。

　　飞机十二点起飞，我们九点就　　到机场了。

　　你怎么现在　　　　　　　　才　来？

错误例：你怎么现在才来了？

说明：句子中用"才"表示"晚"的时候，句子末尾不用"了"。用"就"表示早的时候，如果动作已经发生，句子末尾应该有"了"。另外，用"就"的句子也可以表示动作进行得比较快，用"才"的句子也可以表示动作进行得比较慢。例如：今天的作业我二十分钟就做完了，我同学一个小时才做完。

（3）句子结构练习

用"就"或者"才"填空：

① 我五年以前_____毕业了。

② 昨天晚上我十二点_____睡觉。

③ 已经两点了，你怎么现在_____吃午饭？

④ 从韩国到北京坐飞机两个小时_____能到。

⑤ 从美国到北京坐飞机十二个小时_____能到。

（4）活用练习

看看谁是"勤劳的小蜜蜂"。

用两幅图显示两个人的作息时间和所做的事情，让学生先用"就"和"才"介绍，然后判断谁是"勤劳的小蜜蜂"。

9. 助词"了"的用法（2）

（1）引入：老师做情境介绍，例如"银行九点开门，现在八点五十分。用'了'怎么说呢？"。

　　教师：银行就要开门了。

（2）句子展示

　　（快/就）要+动词短语+了

　　快要　　下雨　　了。
　　快要　　上课　　了。
　　飞机快要　　起飞　　了。
　　银行就要　　关门　　了。

错误例1：银行九点快要开门了。

错误例2：还有十分钟飞机快要起飞了。

说明：句子中有时间词语时，只能用"就要……了"。以上两句中的"快要"都应改为"就要"。

（3）句子结构练习

根据提供的语境，用"（快/就）要……了"说一个句子。

① 今天8月20号，我8月30号回国。＿＿＿＿＿＿＿＿＿＿。

② 我们12：00下课，现在11：45。＿＿＿＿＿＿＿＿＿＿。

③ 公司5：00下班，现在4：30。＿＿＿＿＿＿＿＿＿＿。

④ 飞机9：00起飞，现在8：50。＿＿＿＿＿＿＿＿＿＿。

（4）活用练习

听录音或短文，指出该段录音或短文在哪里经常听到，其中包含"就要……了""快要……了"的句子说的是什么。

录音例：在飞机上通知乘客飞机即将起飞和降落的录音。

包括："飞机就要起飞了""我们的飞机快要到达上海了""飞机马上就要降落了"。

10. 助词"过"的用法

（1）引入：老师展示一张长城的图片。

教师：这是什么？

学生：这是长城。

教师：……，你去过长城吗？

学生：我去过长城。

我没去过长城。

（2）句子展示

主语＋动词＋过＋名词（短语）

我　去　过　长城。

他　吃　过　饺子。

我　学　过　这个汉字。

我　见　过　王老师。

否定形式：

主语＋没（有）＋动词＋过＋名词（短语）

我　没　　吃　过　烤鸭。

我　没　　看　过　这部电影。

错误例：昨天我去过长城。

说明："动词＋过"的句子表达的是某种经历，时间范围上包含说话之前的任何时间，跟某个具体的时间无关。当句子中有具体时间词语时，一般不用"动词＋过"的句子，而用"了"来表达。上面的句子应改为：昨天我去长城了。

（3）句子结构练习

用"了"或"过"填空。

① 你去_____那个超市吗？

② 昨天我去商店了，我买_____一件毛衣。

③ 今天早上我吃_____一个面包，喝_____一杯牛奶。

④ 来这儿以前，我没学_____汉语。

（4）活用练习：两人一组，一个人向另一个人吹嘘自己的经历丰富（尽量多用"过"）。

11. 时量补语

（1）引入：教师提供语境：玛丽8：00开始做作业，9：00做完作业。

教师：玛丽做了多长时间作业？

学生：玛丽做了一个小时作业。

（2）句子展示

主语	+	动词	+	（了）	+	时量	+	（的）	+	（名词）
我每天		看				一个小时				电视。
布朗		打		了		两个小时				网球。
我		学		了		三年				汉语。
我		坐		了		十个小时				飞机。

错误例：我来了北京三年。

说明：如果动词是非持续性动词，时量补语表示动作发生后某种状态持续的时间，一般采用的句子形式为：

主语 + 动词短语 + 时量补语 + 了

我　　来北京　　三年　　了。

他　　大学毕业　十年　　了。

（3）句子结构练习

根据提供的语境说一个含有"时量补语"的句子。例如根据"我们每天8∶00到12∶00上课"，可以说出"我们每天上四个小时的课"。

① 玛丽昨天下午2∶00到4∶00练习了汉字。＿＿＿＿＿＿＿＿＿＿＿＿＿。

② 布朗星期天下午4∶00到5∶30打了篮球。＿＿＿＿＿＿＿＿＿＿＿＿＿。

③ 他们每周星期一到星期五上课。＿＿＿＿＿＿＿＿＿＿＿＿＿＿＿＿＿。

④ 玛丽每天晚上7∶00到8∶00练习弹钢琴。＿＿＿＿＿＿＿＿＿＿＿＿＿。

（4）活用练习

看一段短片，展示一个人一天的活动，每个活动显示出开始时间和结束时间，让学生用时量补语描述这个人的活动。

12. 动量补语

（1）引入：教师问学生。

教师：……，你去过上海吗？

学生：我去过上海。

教师：你去过几次上海？

学生：我去过三次上海。

（2）句子展示

  主语 ＋ 动词 ＋ 数词＋次/遍

  我   去过   三   次   上海。

  我   吃过   两   次   烤鸭。

  我   见过   一   次   王老师。

  每个汉字写   五   遍。

  请你再 说   一   遍。

  这本书我看过   三   遍。

错误例1：我见过一次他。

说明：在有动量补语的句子中，动词的宾语为名词时，要放在动量补语后边。而动词的宾语为代词时，则要放在动量补语前边。上例应改为"我见过他一次"。

错误例2：我去过两遍长城。

说明：用"遍"的动量补语，所在句子中的动词所涉及的动作一般有一个从开始到结束的过程，常用的动词有"看""说""写""读"等。上例应改为"我去过两次长城"。

（3）句子结构练习

用"次"或"遍"填空。

① 这个电影很有意思，我还想再看一_____。

② 每个星期我打三_____篮球。

③ 老师让我们读两_____课文。

④ 我去那家超市买过一_____东西。

（4）活用练习：听相声并模仿。

  甲：你去过外国吗？

  乙：去过。

  甲：去过几次？

  乙：去过两次。

  甲：我去过三次。比你多一次。

  乙：哦。

  甲：你多高？

  乙：我1米75。你呢？

  甲：我1米76，比你高一点儿。

乙：是吗？

甲：你结过婚吗？

乙：什么叫"结过婚"啊？我结婚了。

甲：你结过几次婚？

乙：这是什么问题呀？我只结过一次婚。你呢？

甲：我结过三次婚。比你多两次！

13. 比较句（2）

格式1

（1）引入：教师展示今天和昨天的气温，如昨天 –2℃，今天 –5℃。

教师：昨天冷不冷？

学生：昨天很冷。

教师：今天呢？

学生：今天也很冷。

教师：用"比"怎么说呢？可以说：今天比昨天还冷。

（2）句子展示

　　A　　比　　B　　更/还＋形容词

　　今天　比　　昨天　还　　冷。

　　他　　比　　我　　还　　努力。

　　我妹妹比　　我　　还　　漂亮。

　　那个公园比　颐和园还　　大。

（3）句子结构练习

用"A 比 B 更/还＋形容词"完成句子。

① 他很聪明，_____。

② 一班的学生很多，_____。

③ 饺子很好吃，_____。

④ 这个商店的东西很便宜，_____。

格式2

（1）引入

教师：我今年23岁，我弟弟今年20岁。我比我弟弟大几岁？

学生：你比你弟弟大三岁。

（2）句子展示

  A 比 B + 形容词+数量词

  我 比 我弟弟 大 三岁。

  今天的气温比昨天 高 五度。

  这件衬衫比那件 贵 100块。

（3）句子结构练习

用"A比B+形容词+数量词"改写句子。

① 第一课有20个生词，第二课有26个生词。_____。

② 我的身高是162厘米，玛丽的身高是170厘米。_____。

③ 一张飞机票1500块，一张火车票480块。_____。

④ 我们学校8:00上课，他们学校8:30上课。_____。

⑤ 我的生日是1990年8月1日，艾米的生日是1990年10月1日。_____。

格式3

（1）引入："一点儿""一些""多了"也可以在比较句中表示比较结果的差异。

（2）句子展示

  A 比 B + 形容词+一点儿/一些/多了

  今天 比 昨天 冷 一点儿。

  他 比 我 高 一点儿。

  他的汉语比 我 好 一些。

  飞机票比 火车票 贵 多了。

错误例1：今天比昨天一点儿热。

说明：在比较句中，表示比较结果差异的数量词不能放在形容词前边，应该放在形容词后边。

错误例2：我比他很高。

说明：在比较句中，形容词前边不能有表示比较结果差异的程度副词"很""非常"等，一般在形容词后边用"多了"。上例应改为"我比他高多了"。

（3）句子结构练习

用"A比B+形容词+一点儿/一些/多了"改写句子。

① 我家离学校10公里，他家离学校11公里。_____。

② 昨天的气温是15℃，今天23℃。_____。

③ 我的体重是50公斤，他的体重是70公斤。_____。

④ 红毛衣100块，白毛衣120块。_____。

（4）活用练习

两人一组，互相问答，然后用"A 比 B + 形容词 + ……"说句子。例如：

学生 1：你今年多大了？

学生 2：我今年 20 岁。你呢？

学生 1：我 18 岁。

学生 2：你比我小两岁。

14. 特殊句式"是……的"

（1）引入。说明：汉语中，在谈论已经发生的事情时，如果要强调事情发生的时间、空间方位、方式等，要用"是……的"句式，其中的"是"可以省略。

（2）句子展示

  主语 + 是 + 时间 / 空间方位 / 方式 + 动词短语 + 的

  我 是 上星期 来北京 的。

  我 是 从美国   来   的。

  我 是 坐飞机   来   的。

  我 是 一个人   来   的。

（3）句子结构练习

回答问题：

① 你是哪年出生的？_____。

② 你是什么时候开始学习汉语的？_____。

③ 你是在哪儿出生的？_____。

④ 你的衣服很漂亮，在哪儿买的？_____。

⑤ 今天你是怎么来学校的？_____。

⑥ 这件事你是怎么知道的？_____。

（4）活用练习

模仿下面的例文说一段话，注意使用"是……的"句。

例文：

我很喜欢旅行，我去过很多地方。我去过两次法国，第一次是六年以前跟我的家人一起去的，第二次是去年我一个人去的。第一次是坐飞机去的，第二次是坐火车去的。

15. 结果补语

（1）引入：教师准备三张图片，第一张显示一件脏衣服，第二张显示一台洗衣机或者一个人在洗衣服，第三张显示干净衣服。

教师：（展示第一张图片）这件衣服怎么样？

学生：这件衣服很脏。

教师：（展示第二张和第三张图片）现在这件衣服怎么样？

学生：衣服洗干净了。

（2）句子展示

主语 + 动词 + 形容词/动词

衣服　洗　　干净了。

作业　做　　完了。

晚饭　做　　好了。

我　　吃　　饱了。

否定形式：

主语 + 没（有）+ 动词 + 结果补语

晚饭　还没　　做　　好。

衣服　没　　　洗　　干净。

作业　还没　　做　　完。

错误例：我做作业完了。

说明：结果补语总是紧跟在动词后边，动词带宾语时，宾语要放在结果补语后边，而不是动词后边。上例应改为"我做完作业了"。

（3）句子结构练习

排序：教师将下列句子的语序打乱后展示给学生。

① 我预习完生词了。

② 我吃完晚饭了。

③ 课文还没复习。

④ 这些汉字我都记住了。

（4）活用练习

大家一起讲故事：一错再错。

学生分两组，每组编一个故事，讲述一个人一天之中做错了很多事。要求用上"V错了"句和其他带结果补语的句子。看哪组用的结果补语更多，故事更有意思。比如：

今天小张早上起床时看错时间了，晚起了一个小时。他很着急，穿上衣服就去上班了。他刚到车站，看见一辆车来了，他马上上去了，上去以后才发现上错车了，……

16. 可能补语

（1）引入：教师放一段录音，录音的语速较慢，用词简单。
教师：他的话你听得懂吗？
学生：我听得懂。

（2）句子展示

主语　　　＋　　动词＋得/不＋可能补语
他的话我　　　　听　　得　　懂。
今天的作业一个小时　做　　得　　完吗？
字太小，我　　　　看　　不　　清楚。
这本书是法文的，我　看　　不　　懂。

"了"（liǎo）做可能补语，句子格式为：

主语　　　＋　　动词＋得/不＋了
他病了，今天　　上　　不　　了　课。
七点半太早了，我　来　　不　　了。
我很想跟你一起去，可是我有事，去不了。

（3）句子结构练习
根据提供的情境回答问题。
① 今天的作业一个小时做得完吗？
→ 今天的作业不多，＿＿＿＿＿＿＿＿＿＿。
→ 今天的作业很多，＿＿＿＿＿＿＿＿＿＿。
② 这本中文书他看得懂吗？
→ 他的汉语很好，＿＿＿＿＿＿＿＿＿＿。
→ 他没学过汉语，＿＿＿＿＿＿＿＿＿＿。
③ 黑板上的字你看得清楚吗？
→ 我的眼睛很好，＿＿＿＿＿＿＿＿＿＿。
→ 字太小，＿＿＿＿＿＿＿＿＿＿。
④ 他说话你听得见吗？
→ 他说话声音很大，＿＿＿＿＿＿＿＿＿＿。
→ 他说话声音很小，＿＿＿＿＿＿＿＿＿＿。

（4）活用练习

会话练习：拒绝。

两人一组，甲请乙做一件事，乙不想做，找种种理由拒绝。要求用上可能补语。

17. 趋向补语

简单趋向补语

（1）引入：老师先走出教室，然后再进来，一边走进教室，一边说句子。

　　教师：我进来了。

　　老师走出教室，引导学生说出带趋向补语的句子。

　　学生：老师出去了。

（2）句子展示

	动词	+	来/去	
我	进		来	了。
老师	出		去	了。
她	回		来	了。

说明：简单趋向补语和动词一起构成"动词+来/去"结构，包括"上来""上去""下来""下去""进来""进去""出来""出去""过来""过去""回来""回去""起来"。

（3）句子结构练习

根据前半句提供的语境，用适当的趋向补语完成句子。

① （在电影院外边）还有十分钟电影就开演了，我们_____吧。

② 布朗在楼上等我呢，我得_____了。

③ （我是韩国人）下星期我妈妈过生日，昨天她从韩国打电话来问我能不能_____。

④ 王先生晚上八点回到家，他妻子对他说："你五点半就下班了，怎么现在才_____？"

⑤ 课间休息的时候，教室里一个人都没有，大家都_____玩儿了。

⑥ 明天我要开一个生日晚会，你们都_____，大家一块儿热闹热闹。

⑦ （在办公室）我有事_____一下，一会儿就_____。

⑧ （打电话）你们还在山上呢！天快黑了，快_____吧。

（4）活用练习

看图说话：不听话的小狗。

图上显示一个主人和一只小狗。说明：小狗不听话，行动与主人的命令都是相反的。请学生看着图中小狗的动作猜测主人发出的指令是什么。

复合趋向补语

（1）引入：复合趋向补语由复合趋向动词"上来""上去""下来""下去""进来""进去""出来""出去""过来""过去""回来""回去""起来"等充当，句子格式为：动词+复合趋向动词。例如：拿上来、搬下去、跑进来、走出去、走回来、寄回去、跑过来、跑过去、站起来、拿起来。

（2）句子展示

| 主语 | + | 动词 | + | 复合趋向动词 |

　　她从书包里　　拿　　出来　　一本书。
　　他　　　　　搬　　进来　　一把椅子。
　　他　　　　　跑　　上楼去了。
　　我要把这件衣服寄　回家去。

说明：如果宾语是处所词语，那么无论是简单趋向补语还是复合趋向补语，宾语只能位于补语中间，也就是位于"来/去"的前边。例如：

　　我看见她跑进教室去了。
　　我想走回学校去。

在一般情况下，处所宾语所代表的信息比较明确，在句子中不必出现。例如，课间休息时，同学们可能都去教室外边，上课时间到了，老师可能会在教室里喊学生：上课了，大家快进来。这时，"教室"为已知信息，不必出现在句子中。如果处所宾语所代表的信息为未知信息，处所宾语才有必要出现在句子中。例如：

　　A：小王呢？
　　B：刚才我看见他跑上楼去了。

错误例：学习结束以后，我要回去韩国。

说明：按照语法规则，趋向补语句中，表示处所的词语要放在"来/去"的前边，上句应为"我要回韩国去"。不过，在实际运用中，"去"可以省略，"我要回韩国"听起来更自然，也更常用。

（3）句子结构练习

教师放PPT，让学生根据PPT的内容说出含有复合趋向补语的句子。例如，PPT显示一个人从书包里拿出来一个苹果，学生可以说出"她从书包里拿出来一个苹果"。

（4）活用练习

看足球比赛录像，为解说员配音。（如无条件可用图片显示以下场景：运动员走进来了；球传过来了；球没踢进去；一个队员犯规，裁判跑过去了，拿出来一张黄牌；观众们站起来了。）（注意：做此项练习之前，先给学生介绍一下相关生词。）

18. 程度补语

（1）引入：教师放一段刘翔跑步的录像。

教师：他跑得怎么样？

学生：他跑得很快。

（2）句子展示

格式1：主语＋动词＋得＋程度副词＋形容词

我 跑 得 很 快。
我 吃 得 不太 多。
他 长 得 很 高。

错误例：他不跑得快。

说明：有程度补语的否定句，句中的否定词要放在充当补语的形容词前边。

格式2：施事＋动词＋受事＋动词＋得＋形容词

玛丽 说 汉语 说 得 很好。
布朗 打 篮球 打 得 不太好。
艾米 写 汉字 写 得 很漂亮。

错误例：玛丽说汉语得很好。

说明：有程度补语的句子中，动词后边带有受事时，需要重复动词。"得"要紧跟在动词的后边。施事、受事也可以分别放在句子开头，形成以下两种格式。

格式3：施事＋受事＋动词＋得＋形容词

玛丽 汉语 说 得 很好。
布朗 篮球 打 得 不太好。
艾米 汉字 写 得 很漂亮。

格式4：受事＋施事＋动词＋得＋形容词

这首歌 玛丽 唱 得 很好。
今天的作业 布朗 做 得 很快。
汉语 他 说 得 很流利。

（3）句子结构练习

排序：教师将下列句子的语序打乱后展示给学生。

① 我游泳游得很好。

② 他洗衣服洗得很干净。

③ 我每天都睡得很早。

④ 这本书写得很有意思。

⑤ 网球你打得怎么样？

（4）活用练习

学生分为两组，假设是参加电视台相亲节目的亲友团，为自己一方的男孩/女孩拉票。要求尽量多用"他/她 V 得怎么样"结构。

19. "把"字句

（1）引入：教师展示三张图片，第一张显示一个比较脏的房间，第二张显示一个人在打扫房间，第三张显示房间很干净。

　　教师：（根据第一张图片）这个房间怎么样？

　　学生：这个房间很脏。

　　教师：（根据第二张图片）这个人在做什么？

　　学生：她在打扫房间。

　　教师：（根据第三张图片）现在房间怎么样？

　　学生：房间干净了。

　　教师：如果用"把"字句，可以说：她把房间打扫干净了。

（2）句子展示

　　主语 + 把 + 受事 + 动词 + 补充成分

　　我　　把　房间　打扫　干净了。

　　你　　把　课文　念　　两遍。

　　你　　把　那本书 拿　　过来。

　　我　　把　车　　停　　在学校门口了。

　　我们　把　病人　送　　到医院了。

　　他　　把　那封信 交　　给了玛丽。

说明：1. "把"字句中的动词对"把"引进的受事有一定的处置作用，就是说，动词对受事施加影响，从而产生某种结果，发生某种变化；2. "把"字句中的受事成分应该是定指的；3. "把"字句的动词后边要有补充成分，根据句子要表达的语义,这个补充成分可以是"形容词""数量短语""趋向动词""在+地方""到+地方""给+人""了"等。

错误例:你把一本书拿过来。

说明:在"把"字句中,"把"后边的名词应该是定指的,也就是说,这个名词所指的人或事物应该是已确定的。而"一本书"是不定指的,所以这句话是错的。

(3)句子结构练习

排序:教师将下列句子的语序打乱后展示给学生。

① 我把作业做完了。

② 老师让我们把这些汉字写三遍。

③ 你把车开到公园门口吧。

④ 我把钱交给了售货员。

⑤ 我把书放在桌子上了。

(4)活用练习

会话练习:今天做什么了?

会话角色:妈妈和三个孩子。

场景:妈妈下班回家,孩子们告诉妈妈今天自己做了什么事,妈妈听了以后决定奖励谁零花钱。

要求:用"把"字句说明自己做的事。

20."被"字句

(1)引入:教师展示两张图片,第一张显示一个小偷在偷东西,第二张显示警察抓住了小偷。

教师:(根据第一张图片)这个人在做什么?

学生:他在偷东西。

教师:(根据第二张图片)现在小偷怎么了?

学生:小偷被警察抓住了。

(2)句子展示

受事 + 被(+施事) + 动词 + 补充成分

小偷　被(警察)　　抓住　了。

自行车被(风)　　　刮倒　了。

我的照相机被(我朋友)弄坏　了。

他　　被公司　　　　开除　了。

（3）句子结构练习

排序：教师将下列句子的语序打乱后展示给学生。

① 我的帽子被大风刮跑了。

② 那些巧克力都被弟弟吃了。

③ 那本书被谁借走了？

④ 他踢球的时候被撞伤了。

⑤ 电脑被我弄坏了。

（4）活用练习

看图讲故事：倒霉的一天。

图片显示一个人一天中发生的倒霉事：走路时被西瓜皮滑倒了，钱包被偷了，上班迟到被老板骂了，晚上喝酒以后开车被警察抓住了。

附录三　练习与测试样题

一、根据画线部分，用疑问代词或疑问副词提问

练习目的：主要考查学生对汉语疑问代词和疑问副词的使用以及对疑问句句型、语序的掌握。

例：<u>王老师</u>是我们的老师。→ 谁是你们的老师？

1. <u>玛丽</u>是我的朋友。
2. 北京秋天的天气<u>非常好</u>。
3. 苹果<u>3 块钱</u>一斤。
4. 那是<u>中药</u>。
5. 那是<u>英汉词典</u>。
6. 这是<u>汉语</u>书。
7. <u>这些</u>都是英文书。
8. 我喝<u>茶</u>。
9. 她住<u>二十二楼</u>。
10. 他<u>坐飞机</u>去北京。

二、选择正确的答案

练习目的：主要考查学生对重要语法点的掌握，如：量词、正反疑问句、形容词谓语句、时间状语、地点状语、能愿动词等。

1. A：请问您贵姓？
   B：_____。
   A. 我贵姓王　　B. 我姓王　　C. 我是王　　D. 我叫王
2. 我妹妹_____漂亮。
   A. 很　　B. 是　　C. /　　D. 是很
3. 你_____弟弟？
   A. 有　　B. 有没　　C. 有不有　　D. /
4. A：你爸爸做什么工作？

B：_____。
　　A. 我爸爸做公司工作　　　　　B. 我爸爸做经理
　　C. 我爸爸是经理　　　　　　　D. 我爸爸做经理工作

5. 我家有五_____人。
　　A. 位　　　　B. 口　　　　C. 个　　　　D. 名

6. 这是我_____爸爸_____书。
　　A. 的，的　　B. 的，/　　C. /，的　　D. /，/

7. A：你在哪儿学习汉语？
　　B：_____。
　　A. 我学习汉语在北京　　　　　B. 我在北京学习汉语
　　C. 我汉语学习在北京　　　　　D. 我在北京汉语学习

8. A：玛丽什么时候到纽约？
　　B：_____。
　　A. 她明天下午3：00到纽约　　B. 她下午3：00明天到纽约
　　C. 她3：00明天下午到纽约　　D. 她3：00下午明天到纽约

9. 明天天气很好，不_____下雨。
　　A. 可以　　　B. 会　　　　C. 想　　　　D. 能

10. 我很渴，我_____一瓶可乐。
　　A. 想　　　　B. 要　　　　C. 喜欢　　　D. 会

三、填写合适的量词

练习目的：主要考查学生对量词与名词或动词搭配的掌握程度。

1. 昨天他给爱人买了一_____鞋。
2. 今天最高气温35_____。
3. 三点一_____我们从这儿出发。
4. 他爸爸在一_____大学教汉语。
5. 最近他买了一_____自行车。
6. 这条河只有50_____宽。
7. 我们学校后面有一_____山。
8. 房间里还缺两_____椅子和一_____桌子。

9. 我听说他刚买了一_____汽车。

10. 这本书一共 164_____。

四、选词填空

练习目的：主要考查学生对易混淆的语法点的辨析与掌握，如易混淆的语气词、"了"和"过"、结构助词"的""地""得"等。

1. 我想你一定是中国人_____？（吧　吗）

2. 我没有_____敲门声。（听　听见）

3. 那个电影你是什么时候_____的?（看见　看）

4. 我_____明年能去中国学习汉语。（希望　喜欢）

5. 明天我下_____课就去邮局。（了　过）

6. 今天晚上没空儿，我们_____明天晚上去跳舞吧。（或者　还是）

7. 你的手表找_____了吗?（完　着）

8. 昨天他睡_____很晚。（地　得）

9. 他很快就回来，你等_____吧。（了　等）

10. 他一直不清楚那位老师是美国人_____英国人。（还是　或者）

五、判断词语的位置

练习目的：主要考查学生对某些表现为词汇形式的语法项目在句子中的位置是否掌握。一般选择句法位置比较固定或在不同句法位置具有不同语法意义的项目，如：了、的、范围副词"都"等。

1. 昨天他去 A 商店买 B 一件毛衣 C。（了）

2. 衣服 A 我 B 已经挑好了，别 C 东西就不买了 D。（的）

3. 天气预报说今天有雨，A 今天 B 没下雨。（不过）

4. 十块 A 太贵了，B 能 C 不能 D 便宜点儿？（再）

5. A 这些人 B 我 C 不 D 认识。（都）

6. 原来我不能吃 A 辣的 B，现在可以 C 吃 D。（了）

7. A 一下课 B 他 C 骑车 D 去银行了。（就）

8. 我们 A 努力 B 学习，C 互相 D 帮助。（应该）

9. A 不 B 是不 C 玩儿，就 D 是没时间。（想）

10. 今天的天气 A 好啊！我 B 想 C 请你一起出去 D 玩儿玩儿。（多）

六、将下面的词语连成句子

练习目的：主要考查学生对汉语语序的掌握，特别是不同词性的词语在句子中的位置以及词语间的搭配组合规律。

1. 得 / 学 / 汉语 / 他 / 很好

2. 的 / 衣服 / 买 / 他 / 贵 / 太 / 不

3. 小丁 / 小于 / 上 / 当 / 过 / 三次

4. 下 / 课 / 了 / 银行 / 去 / 就 / 我

5. 到 / 谈 / 12：00 / 睡觉 / 才 / 昨天 / 我们

6. 的 / 介绍 / 你 / 都 / 我 / 懂 / 了 / 听

7. 大家 / 他 / 高兴 / 话 / 使 / 讲 / 的 / 很

8. 我 / 报纸 / 的 / 看 / 最近 / 过 / 这是 / 几天

9. 到 / 去 / 以后 / 下课 / 我 / 要 / 银行

10. 慢慢 / 了 / 地 / 我 / 习惯 / 生活 / 这儿的

七、选择正确的句子

练习目的：主要考查学生对重点语法项目的语法意义和形式的掌握，如：比较句、程度补语、结果补语等。

1. A. 他身体不舒服，所以今天不能来上课。
   B. 身体不舒服，他所以今天不能来上课。
   C. 因为身体不舒服，他所以今天不能来上课。

2. A. 姐姐比我大三岁多。
   B. 姐姐比我三岁大多。
   C. 姐姐比我大三多岁。

3. A. 他去过好多十个国家。
   B. 他去过好几十个国家。
   C. 他去过好十个国家。

4. A. 我们昨天刚学完这本书。
   B. 我们昨天刚学这本书完。
   C. 我们昨天刚完这本书。

5. A. 他汉语说得很好。
   B. 他说汉语得很好。
   C. 他说汉语说很好。

6. A. 我来找过你两次。
   B. 我来找两次你过。
   C. 我来过两次找你。

7. A. 要是有空儿,我就去看你。
   B. 要是有空儿,就我去看你。
   C. 要是有空儿,我去就看你。

8. A. 我只去过北京,别的地方都没去过。
   B. 我只去北京过,别的地方都没去过。
   C. 我只北京去过,别的地方都没去过。

9. A. 这些书是我在中国买的。
   B. 这些书是我买的在中国。
   C. 这些书是在中国我买的。

10. A. 苹果比西瓜有点儿便宜。
    B. 苹果比西瓜一点儿便宜。
    C. 苹果比西瓜便宜一点儿。

八、用所给词语改写句子

练习目的:主要考查学生在给定语境中正确运用某个语法项目的能力,这种练习既考查学生对该语法项目的语法意义和功能的掌握,同时也考查学生在领会语法意义和功能后,能否正确使用该项目的语法形式。

1. 你要回国吗?(是不是)
2. 再贴邮票就更重了。(不是……吗?)
3. 下课以后他去银行。(一……就……)

4. 小丁特别喜欢集邮，看见新邮票一定会买。（只要……就……）

5. 你买的水果很便宜。（一点儿也不）

6. 每次谈到乒乓球，他都高兴得不得了。（一……就……）

7. 换完钱以后再买东西。（先……然后……）

8. 他买的新车样子很好看，价格也非常便宜，很值得买。（又……又……）

9. 他今天上午回国了。（刚）

10. 这两个女孩儿长得好像亲姐妹。（跟……一样）

九、改错

练习目的：通过呈现学生在某些语法项目上常见的问题，强化学生对这类语法项目的认识，通过对错误的自我纠正习得语法项目。

1. 我找王老师去办公室。

2. 我们班有七个留学生们。

3. 那个商店的东西是很贵。

4. 你有没有中国朋友吗？

5. 他们都也是我的同学。

6. 你爸爸做什么的工作？

7. 他把昨天的都作业做完了。

8. 贝拉今天没戴眼镜，黑板上的字她不看清楚。

9. 我想挂这张照片在那张画儿旁边。

10. 爸爸来信告诉我，他下星期快要来了北京。

附录四 语法教学参考书目

崔永华（2008）《对外汉语教学设计导论》，北京：北京语言大学出版社。

崔永华、杨寄洲（1997）《对外汉语课堂教学技巧》，北京：北京语言大学出版社。

程美珍（1997）《汉语病句辨析九百例》，北京：华语教学出版社。

邓守信（2010）《对外汉语教学语法》，北京：北京语言大学出版社。

房玉清（2001）《实用汉语语法》，北京：北京大学出版社。

傅海燕（2007）《汉语教与学必备：教什么？怎么教？（下）》，北京：北京语言大学出版社。

郭晓麟（2010）《图解汉语语法难点学习手册》，北京：北京大学出版社。

姜丽萍（2008）《对外汉语教学论》，北京：北京语言大学出版社。

刘月华等（2001）《实用现代汉语语法》，北京：商务印书馆。

卢福波（1996）《对外汉语教学实用语法》，北京：北京语言大学出版社。

卢福波、韩志刚（2002）《对外汉语教学实用语法练习参考答案及要解》，北京：北京语言大学出版社。

吕叔湘（2007）《现代汉语八百词》（增订本），北京：商务印书馆。

吕文华（2008）《对外汉语教学语法探索》（增订本），北京：北京语言大学出版社。

孙德金（2006）《对外汉语语法及语法教学研究》，北京：商务印书馆。

叶盼云等（1999）《外国人学汉语难点释疑》，北京：北京语言大学出版社。

曾妙芬（2007）《推动专业化的AP中文教学——大学二年级中文教学成功模式之探讨与应用》，北京：北京语言大学出版社。

张和生（2006）《汉语可以这样教——语言要素篇》，北京：商务印书馆。

赵金铭（2004）《对外汉语教学概论》，北京：商务印书馆。

赵金铭（2006）《汉语可以这样教——语言技能篇》，北京：商务印书馆。

郑懿德等（1992）《汉语语法难点释疑》，北京：华语教学出版社。

周　健、彭小川、张军（2004）《汉语教学法研修教程》，北京：人民教育出版社。

彭小川、李守纪、王红（2004）《对外汉语教学语法释疑201例》，北京：商务印书馆。